VORWORT

Das Anstrengendste am Radeln ist der Aufbruch. Bis man erst den Entschluss gefasst und dann alles zusammengepackt hat, das ist das Schwere. Die paar Höhenmeter sind dann fast schon ein Klacks. Um die Entscheidung leichter zu machen, gibt es jetzt diesen Radlführer mit der Hoffnung, dass der ein oder andere der Schönheit der Umgebung genauso wenig widerstehen kann wie ich.

Dabei habe ich festgestellt, dass ich, obwohl ich über zehn Jahre in Regensburg gewohnt habe, doch so vieles noch nicht erkundet hatte und man mit dem Radl viel mehr sieht, als wenn man nur mal so eben mit dem Auto schnell zum nächsten Ziel fährt. Die Vielfalt hier ist das Tolle: Die Flüsse, die Hügel und kleineren Berge, die Wälder und all die Freizeitmöglichkeiten, die unsere Gegend so bunt machen. Und dann kann man sich so oft mit so leckerem Essen zu noch ein paar mehr Kilometern überreden. Ich hoffe, Sie haben genauso viel Freude daran, um Regensburg und darüber hinaus zu radeln wie ich!

Vielen, vielen Dank an Natalie Poths und Martina Kastenmaier, die Layout und Karten so toll gemacht haben.

Ganz besonders danken will ich meinem Freund Josef Kainz, der mich auf einigen Touren begleitet hat – die wirklich guten Fotos in diesem Führer sind alle von ihm. Außerdem danke ich sehr herzlich Ina Hoppe, die ebenfalls einige Touren mitgefahren ist und mit ihrem unerschütterlichen Optimismus und ihrer guten Laune noch jede Regenwolke zur Umkehr bewegt hat.

Andrea Potzler
wurde 1979 bei Augsburg geboren. Sie studierte Philosophie und Literaturwissenschaften an der Universität Regensburg und schloss mit einem Magister ab. Schon während des Studiums arbeitete sie als Journalistin für Internetportale und die Mittelbayerische Zeitung. Im Gietl Verlag erschien von ihr der Wanderführer „wanderbare region" und nun der „Ostbayerische Radwanderführer". Andrea Potzler wohnt in der Nähe von Straubing und arbeitet dort als

D1730486

1

INHALTSVERZEICHNIS

AUSRÜSTUNG FÜR EINE GELUNGENE RADLTOUR

Die schönste Radltour macht keine Freude, wenn man sich mit seiner Ausrüstung plagen muss, einfach nicht das Richtige dabei hat oder das Fahrrad streikt. Daher hier eine Checkliste der Dinge, die man dabei haben sollte:

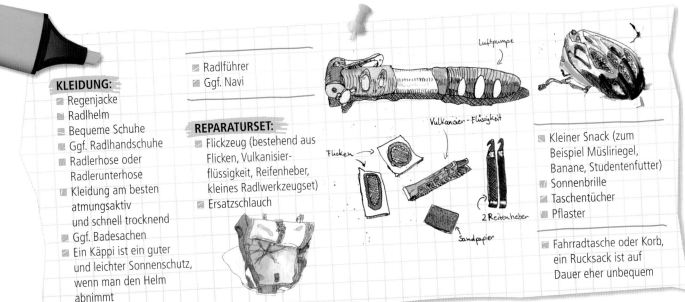

KLEIDUNG:
- Regenjacke
- Radlhelm
- Bequeme Schuhe
- Ggf. Radlhandschuhe
- Radlerhose oder Radlerunterhose
- Kleidung am besten atmungsaktiv und schnell trocknend
- Ggf. Badesachen
- Ein Käppi ist ein guter und leichter Sonnenschutz, wenn man den Helm abnimmt

- Radlführer
- Ggf. Navi

REPARATURSET:
- Flickzeug (bestehend aus Flicken, Vulkanisier-flüssigkeit, Reifenheber, kleines Radlwerkzeugset)
- Ersatzschlauch

Luftpumpe

Vulkanisier-Flüssigkeit

Flicken

2 Reifenheber

Sandpapier

- Kleiner Snack (zum Beispiel Müsliriegel, Banane, Studentenfutter)
- Sonnenbrille
- Taschentücher
- Pflaster

- Fahrradtasche oder Korb, ein Rucksack ist auf Dauer eher unbequem

**Mit Brotzeit im Gepäck
fährt sichs noch gelassener.**

DAS FAHRRAD

Für die beschriebenen Touren ist man mit einem Trekkingrad bestens gerüstet. Es läuft leicht, und wenn ein Stück Weg nicht geteert ist, haben die Reifen mit etwas Profil einen guten Halt.

Bewährt haben sich unplattbare Fahrradmäntel. Seit ich solche auf meinen Fahrrädern habe, flicke ich deutlich seltener meine Fahrradschläuche. Der Spaß an einer Tour ist doch deutlich gemindert, wenn man längere Zeit mit Reparieren verbringt. Daher lohnt

sich die zusätzliche Investition in gute Mäntel. Eine weitere große Erleichterung ist der Nabendynamo, der zuverlässig funktioniert – weit besser als frühere Felgendynamos. Natürlich ist ein Batterielicht auch eine gute Option, allerdings sollte man darauf achten, dass die Akkus gut geladen sind und man am besten noch Ersatzbatterien dabei hat. Ein Gepäckträger leistet gute Dienste für die Befestigung des Fahrradkorbs oder der Fahrradtasche. Außerdem ist es gut, die Kette immer wieder mit ein wenig Öl zu verwöhnen

und die Bremsen auf ihre Beläge zu überprüfen oder überprüfen zu lassen. Faustregel: Wenn die Felgenbremse laut quietscht, ist es meist höchste Zeit, sie zu erneuern, da dann der Gummibelag schon durchgebremst ist.

DER FAHRER

Das teuerste Reparaturset nützt natürlich nichts, wenn man nicht damit umgehen kann. Als wichtigste Reparaturmaßnahme empfiehlt es sich daher, sich einmal zeigen zu lassen, wie man einen Platten flickt. So kann man sich bei der häufigsten aller Fahrradpannen auch unterwegs gut helfen. Beim Gepäck gilt: Weniger ist mehr, schließlich will man sich außer mit dem Nötigsten nicht mit zu viel Ballast herumplagen.

LEICHT

30 KM | **3** STD

Strecke:

Max Schultze Steig – Pentling –
Seedorf – Bad Abbach – Matting

Die Strecke hat eine knackige
Steigung in Pentling, die sich auch
etwas hinzieht, dann geht es aber
umso frischer und flach dahin.

(RENN-)RADELN, DONAU GENIESSEN, KRAXELN

8
30 km Start/Ziel **Regensburg**

1.6 km Max Schultze Steig 15

3 3 Galgenberg

93

St2394 **Sinzing** **Pentling** 2 5.4 km

Unterirading Großberg

22.4 km 16

5. Matting Niedergebraching 3

Oberndorf 11.9 km

3 Seedorf

Bad Abbach **Regensburg-Oberhinkofen**

Inselbad

Kaiertherme 4 15.5 km

93

16

Diese Tour ist die perfekte Feierabendtour und bis auf ein kurzes Stück Kies auch gut für Rennradfahrer geeignet. Auch Kinder kommen hier nicht zu kurz. Abwechslungsreich macht die Tour besonders, dass wir sowohl ein bisschen am Berg strampeln als auch an der Donau dahinsausen.

SCHMALER RADLPFAD ODER SCHNELLE TEERSTRECKE

Wir starten in Großprüfening und halten uns in Richtung der Donau. An der Fähre angelangt, fahren wir nach links. Nun kann man, wenn man Teer bevorzugt, auf der Straße fahren oder aber den schmalen Radlpfad direkt an der Donau nutzen. Der Kies ist nicht tief, und wer nicht gerade mit dem Rennrad unterwegs ist, kann hier sehr komfortabel

Der Donauradweg mit seinen Bäumen und Büschen ist von Regensburg nach Pentling besonders schön ...

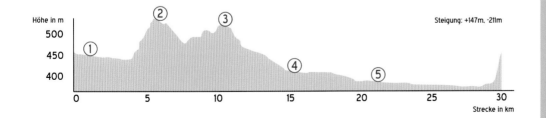

Sehenswertes:

Kaiser-Therme Bad Abbach
In der Kaiser-Therme kann man sehr gemütlich entspannen, sich den Rücken von Wasserstrahlern massieren lassen und ein paar Bahnen im Außenbecken ziehen. Die Therme hat täglich mindestens von 8 bis 18 Uhr geöffnet.
Kaiser-Therme
Kurallee 4
93077 Bad Abbach
Tel.: 0 94 05 / 95 17-0

Inselbad Bad Abbach
Es gibt ein Schwimmerbecken und ein Kinderbecken, und das Wasser wird nicht mit Chlor behandelt, sondern fließt durch einen Regenerierteich.
Inselstr. 2A
93077 Bad Abbach
Tel.: 0 94 05 / 94 06 23
Die Öffnungszeiten schaut man am besten auf der Homepage nach.
www.bad-abbach.de/de/kultur-freizeit/freizeit/inselbad.html

Essen:

Schweinswirt
Wer Unmengen Fleisch aus
eigener Schlachtung essen mag, ist
beim Schweinswirt in Niederge-
braching gut dabei. Es gibt auch
Thementage mit besonders viel
Schnitzel oder Burgern.
Öffnungszeiten:
Dienstag bis Freitag: ab 17 Uhr
am Wochenende: ab 11 Uhr
Geberichstr. 48
93080 Pentling
Tel.: 0 94 05 / 10 33
www.schweinswirt.de

Restaurant Schwögler
Hier isst man recht luxuriös und
sollte vorher reservieren.
Öffnungszeiten:
Dienstag bis Samstag: 9–24 Uhr,
Sonntag: 9–14 Uhr
Montag geschlossen!
Stinkelbrunnstraße 18
93077 Bad Abbach
www.schwoegler.de

… und es gibt sogar etwas wilde Romantik.

fahren, so wie es ganz viele andere Donauradler an diesem schönen Tag auch tun. Links tun sich immer wieder schöne Felsen auf, rechts sausen ein paar Motorboote über die Donau. Hier kommen wir auch am Schutzfelsen in Pentling vorbei, und eine Abzweigung führt zum ❶ Max Schultze Steig, der

Da kann man kaum einem Sprung ins Wasser widerstehen.

Beschreibung des Steigs sind im Wanderbuch „wanderbare region" zu finden!

KÜHE, OBSTBÄUME UND EIN TOLLER SPIELPLATZ

Nach circa 3,5 Kilometern verlassen wir den Radweg an der Donau. Hier bewirbt ein Rundkachelofenbauer seine Waren, und wir fahren nach links den Berg hinauf in Richtung ❷ Pentling. Es empfiehlt sich, sofort runterzuschalten, da hier die Steigung gleich beträchtlich ist. Der Berg ist der anstrengendste der ganzen Tour, und es darf natürlich geschoben werden. Auf der linken Seite sehen wir ein paar Obstbäume, und rechts ist eine Gruppe Kühe. Konsequent geht's weiter den Berg hinauf, bis wir links einen Fußballplatz sehen. Dahinter ist ein großartiger Spielplatz mit schöner Rutsche und einem Klettergerüst, das auch größeren Kindern wie zum Beispiel der Autorin Spaß macht. Hier kann man sich aus nicht zu verachtender Höhe nach unten hangeln und ist ein bisschen stolz über die gemeisterte Herausforderung. Im Gras liegen Zwetschgen und Kastanien, die nicht nur das

als kleine Wandereinlage unbedingt empfehlenswert ist mit herrlichen Ausblicken. Allerdings muss man etwas Zeit einplanen!

Mit circa zwei Stunden kann man schon rechnen, der Anstieg ist circa hundert Meter. Nähere Informationen und eine detaillierte

Die Sonne bricht sich zum Glück auch durch die dickeren Wolken immer wieder Bahn.

Rennstrecke mit Ausblick

kleine Radlerherz erfreuen. Nun aber zurück, einfach munter weiter, bis wir zu einer Kreuzung kommen. Dort geht es dann nach rechts in den Großberger Weg, und die Steigung nimmt ab. Wir radeln hier immer weiter und stärken uns vielleicht noch mit einem Äpfelchen, das auf den Boden gefallen ist, so es denn gerade September ist.

FLOTTE ABFAHRT ZUR BELOHNUNG

Von Großberg aus gibt's dann die Belohnung für die Mühen mit den Höhenmetern: Wir sausen nach Hohengebraching, und der Wind pfeift uns nur so um den Helm. Am Ende der Pentlinger Straße fahren wir in einer Links-Rechts-Kombination weiter auf der Regensburger Straße. Wir biegen dann links ab in die Arglesstraße und gucken kurz zu den Autos unter uns auf der B16, die im 90-Grad-Winkel an uns vorbeizischen.

Riesenbeine in Bad Abbach weisen den Weg ins Zentrum.

Pferdekoppeln. Am Feuerwehrhaus vorbei geht es wieder etwas bergauf, links steht schöner Mischwald, und bald geht die Teerstraße in ein kurzes Kiesstück über, und auch rechts steht nun Mischwald. Wir folgen der Straße und kommen bald aus Wald und Kies heraus. Rechts fallen die Felder stark ab, und man will nicht der Bauer sein müssen, der diese Hänge befahren muss. Aber vermutlich hats der einfach raus. Jedenfalls ist die Sicht von hier schön und weitläufig, und ein paar Spaziergänger haben sich gemütlich auf den Boden gesetzt und lassen die Beine den Hang hinunterhängen. Am Ende dieser Straße fahren wir wieder nach rechts und orientieren uns nach ❹ Bad Abbach. Hier fahren wir dann an einer eher viel befahrenen Straße entlang – zum Glück nicht allzu lange!

ZUM FEUERWEHRHAUS UND DEN STEILEN FELDERN

Weiter fahren wir in Richtung ❸ Seedorf, das hier schon ausgeschildert ist. Manchmal hilft uns auch das Hinweisschild für den Radweg R9, das wir nur als Rechteck sehen, da der Weg in der anderen Richtung vorgeschlagen ist. Wir sehen links von uns ein Feuerwehrhaus, und die schmale Straße ist rechts von Birken gesäumt. Einige Reiter sind hier unterwegs, und man sieht hie und da

KURORT BAD ABBACH MIT KAISER-THERME UND MARKTPLATZ

Wer, in Bad Abbach angelangt, einen Abstecher zur Kaiser-Therme machen will, folgt der Beschilderung im Kreisverkehr am Ortsanfang. Die anderen fahren weiter an einigen großen Läden rechts vorbei immer geradeaus, wo wir schließlich auf die steinernen Riesenbeine treffen und nach links in den Marktplatz einbiegen. Hier gibt es einige Cafés, in denen man eine kleine Kuchenpause einlegen kann. Am Ende des Marktplatzes stehen große Figuren im Brunnen, an dem man mit kleinen Kindern vielleicht ein bisschen im Wasser spritzen kann. Hier fahren wir nach rechts und sehen schon kurz darauf eine Fußgängerunterführung, die wir nehmen und dann nach rechts an der Donau – ziemlich steigungsfrei – entlangfahren. Zu unserer Rechten ist noch kurz die Bundesstraße, sehr bald trennen sich aber unsere Wege, und wir fahren wieder beschaulich weiter.

DAMMSTRASSE ODER DER WEG DURCH DIE DÖRFER

Man kann hier wählen, ob man auf der Teerstraße, der Donaustraße, fahren will oder lieber auf dem kiesigen Damm. Die Straße hat den Vorteil, dass man noch mehr die schönen Dörfer sieht.

Bald kommen wir nach ❺ Matting zur Badestelle und zum Biergarten „Zunftstüberl", wo auch immer wieder Jazzkonzerte gespielt werden und man gemütlich zwischen Bäumen donaunah sitzen kann. Der restliche Weg ist bester Donauradweg mit Einkehrmöglichkeit in der Gaststätte „Walba". Auf der anderen Donauseite rauscht immer mal wieder ein Regionalzug an den Felsen vorbei. Auf den letzten Kilometern höre ich eine Männergruppe Mountainbiker hinter mir

plaudern und lasse mich von den vieren überholen. Im Windschatten radelt es sich gleich nochmal so munter zurück in Richtung Parkplatz in Großprüfening.
Man kann die Tour auch zu einer echten Badetour machen, selbst bei nicht ganz so heißen Temperaturen – Möglichkeiten zum Planschen gibt es genug: Das Inselbad oder die Kaiser-Therme in Bad Abbach und die Badestelle an der Donau in Matting.

STRAMPELN FÜR MARIA
(UND EINE GRANDIOSE AUSSICHT)

MITTEL

28 KM · **3** STD

Strecke:

Reibersdorf – Auf Höhe von
Oberalteich – Bogenberg –
Straubing, St. Peter

Die Tour ist flach bis auf die starke
Steigung zum Bogenberg, der
allerdings den besonderen Reiz mit
großartiger Aussicht und einer
schönen Wallfahrtskirche
ausmacht.

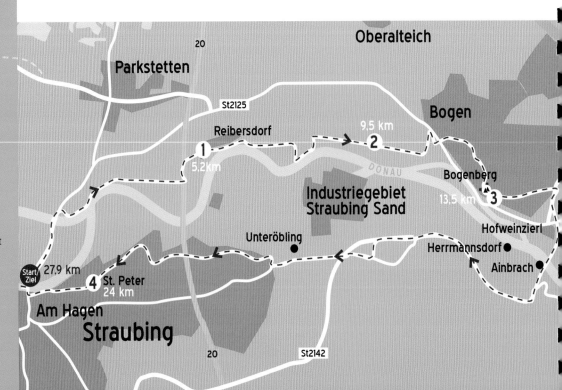

Oberalteich

Parkstetten

20

St2125

Bogen

Reibersdorf

1 5.2km

9.5 km **2**

DONAU

Bogenberg

Industriegebiet
Straubing Sand

13.5 km **3**

Hofweinzierl

Unteröbling

Herrmannsdorf

Ainbrach

Start/Ziel **27,9 km**

4 St. Peter 24 km

Am Hagen

Straubing

20

St2142

D ie heutige Tour hat vor allem eine Steigung, die ist dann aber so richtig knackig: Wir machen uns von Straubing nach Bogen auf und erklimmen den Bogenberg. Das lohnt wegen der Aussicht und der beeindruckenden Wallfahrtskirche aber ganz beträchtlich.

VON DER SCHLOSSBRÜCKE ZUR GEMÜTLICHEN LANDWIRTSCHAFT

Wir starten an der Straubinger Schlossbrücke; auf der Straubing abgewandten Seite gibt es auch einige Parkplätze. Hier sehen wir die Beschilderung des Donauradwegs, dem wir bis nach Bogen folgen werden. Wir fahren immer geradeaus in Richtung Parkstetten, bis wir zu einer großen Brücke über die Alte Donau kommen, über die wir fahren. Wir

fahren weiter bis zum Kreisverkehr und von hier geht es weiter nach rechts entlang des Damms. Grundsätzlich gilt hier: Man kann immer wieder auf dem Damm fahren, um eine schöne Aussicht zu haben.

FAST WIE AN DER NORDSEE KANNS AN DER DONAU SEIN

Spaziergänger sind hier mit Hunden unterwegs, und da die Donau einen niedrigen Stand hat, sind immer wieder am Rand Sandbänke, so dass man ein richtiges Strandgefühl entwickeln kann. Aber Vorsicht, manchmal ist der Donauradweg eben nicht direkt an der Donau und die Dammfahrer könnten den Weg verlieren. Sobald wir auf dem Damm auf die B20 treffen, biegen wir nach links ab und fahren

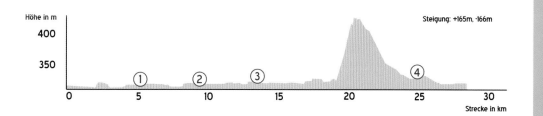

Sehenswertes:

Kreismuseum Bogenberg
Auf zwei Ausstellungsebenen zeigt es unter anderem Zeugnisse zur Geschichte der bayerischen Rauten und der Wallfahrt auf den Bogenberg.
Öffnungszeiten:
Mittwoch u. Samstag: 14–16 Uhr,
Sonn- und Feiertag: 10–12 Uhr und 14–16 Uhr
Bogenberg 12
94327 Bogen
Tel.: 0 94 22/57 86
www.landkreis-straubing-bogen.de

Christkindlmarkt
Zur Adventszeit ist am Bogenberg ein schöner Christkindlmarkt, die kleinen Häuschen, an denen wir vorbeikommen, bleiben das ganze Jahr über stehen. Vielleicht ist der nette, kleine Markt ein Grund für manchen, im Winter nochmal in die Gegend zu fahren!

Der Brückenheilige Nepomuk auf der Schlossbrücke

Herrliche Farben auf der Uhr der Kirche am Bogenberg

unter der B20 durch eine Unterführung. Der Donauradweg führt sowieso direkt dorthin. Von hier haben wir wieder Teerstraße. Ein kleines Stück weiter fahren wir in den Ort Reibersdorf ❶ ein, hier kehren wir ein im Gasthaus Winklmeier Hof und freuen uns an Bandnudeln mit Pilzen, einem Kürbis-Kartoffel-Strudel und vor allem am schönen Salatbuffet. Unbedingt eine Empfehlung, wer eine gemütliche und liebevoll gestaltete Landwirtschaft mit gutem Essen mag. Natürlich gibt es auch bald in Bogen noch so einige andere gute Wirtschaften.

KLOSTER OBERALTEICH STEHT MONUMENTAL IN DER EBENE

Nach der Pause fahren wir weiter und genießen die Weite der Ebene – ein bisschen kommt fast Nordsee-gefühl auf an diesem etwas windigen, frühen Herbsttag. Wir folgen auch hier den Schildern des Donauradwegs, der uns hier nicht direkt an der Donau entlangführt. Hier sehen wir links immer wieder die beiden Türme des ❷ Klosters Oberalteich. Wer die Kirche gern sehen möchte, kann hier nach links abbiegen und einen kleinen Abstecher machen. Besonders schön in der Landschaft ist sie allerdings direkt von der Donau aus zu betrachten. Wer den

Die Klosterkirche Peter und Paul in Oberalteich ist von weitem sichtbar, auch wenn sie nicht auf einem Berg oder Hügel steht.

Essen:

Wirtshaus Winklmeier Hof
Öffnungszeiten:
Dienstag bis Sonntag: ab 11 Uhr
Montag: Ruhetag
Richprechtsstr. 15
94365 Parkstetten-Reibersdorf
Tel.: 0 94 21/1 22 95
www.winklmeierhof.de

Berggasthof
„Zur schönen Aussicht"
am Bogenberg
Die Wirtschaft ist hier schon seit
125 Jahren und bietet auch
Zimmer an. Brotzeit- und
Speisekarte sind im Netz
einsehbar.
Bogenberg 6
94327 Bogenberg
Tel.: 0 94 22/15 39
www.bogenberg.com

Wo das Donauufer arg gerade wirkt, lockern die Herbstfarben auf.

Abstecher gemacht hat, fährt wieder zurück zum Donauradweg. Von hier sehen wir Bogen gut vor uns und wundern uns über ein einsames Hochhaus auf einem Hügel vor Bogen. Andere Zeiten, andere ästhetische Ansichten, beschließen wir. Heute findet das Gebäude wohl kaum mehr jemand schön. Obwohl – die Bewohner haben von hier sicher einen grandiosen Blick. Wir rollen gemütlich nach Bogen ein, sehen einen Regionalzug anrollen und freuen uns wieder einmal über die wunderbaren Herbstfarben und die gründelnden Enten im Bach direkt am Ortseingang. Unser Weg führt uns direkt nach Bogen. Nun stellen sich uns wieder Fragen:

Wollen wir in einem knackigen Anstieg die Räder nach oben schieben oder lieber den Weg außen herum erradeln?

STEILER PILGERWEG IM BLÄTTERREGEN

Wir entscheiden uns für die kurze, harte Tour und biegen nach links in den Pilgerweg ein. Hier ist auch eine Tafel angebracht, die uns auf die verschiedenen Wege auf den Bogenberg ❸ hinweist. Rechts kommen wir hier an einer Schule vorbei, die das Bogenbergpanorama an ihre Wand gemalt und mit Klettergriffen versehen hat. Auch ein großartiger Wasserspielplatz ist hier, der allerdings vermutlich wegen der kühlen Temperaturen schon geschlossen ist. Von hier geht es recht steil weiter den Pilgerpfad hinauf. Radfahren ist hier verboten, aber es braucht – zumindest bergauf – gar kein Verbotsschild, wir schieben freiwillig durch den bunten Blätterregen. Bald schon sehen wir auch rechts eine Bank, die eine wunderbare Aussicht verspricht.

WAS FÜR EIN DONAUBLICK MIT KAFFEE UND KUCHEN

Das Versprechen wird prompt gehalten und wir rasten, um weit über die Donau nach Straubing zu schauen und durchzuschnaufen. Ein kleines Stückchen Berg haben wir noch vor uns, dann locken Kaffee und Kuchen direkt vor der Kirche. Sollte eines der Häuschen vor der Kirche nicht geöffnet sein, so gibt es bald unterhalb der Kirche nochmals eine Einkehrmöglichkeit im Berggasthof „Zur schönen Aussicht" mit weitem Blick über die Donau. Friedhof und Kirche sind einen Besuch wert. Die Eisenkreuze einiger Gräber werfen beeindruckende Schatten auf

Selfie mit Radlhelm. Man muss beim Radeln aber nicht so streng schauen, beim Zeichnen lässt sichs manchmal nicht vermeiden.

Die Agnes-Bernauer-Brücke in Straubing wirkt noch größer, wenn man mit dem Radl drauf steht.

die Friedhofsmauer, und der Erntedankaltar wartet mit allem auf, was man sich nur vorstellen kann, sogar mit einer Packung Zucker. Kurz vor dem Ausgang, kann man eine Münze in ein kleines Kirchenmodell werfen, woraufhin Musik erklingt und die Mutter Gottes mit Kind heraustritt und ein Kirchenglöckchen klingelt. Das ist nicht nur für Kinder ein großes Vergnügen. Vor der Kirche scheint sich eine Gruppe BMW Fans getroffen zu haben und ihre bunten, im Halbkreis aufgestellten Autos blitzen in der Herbstsonne.

SCHNELLE HASEN AUF DEN FELDERN UND EIN MALERISCHER BLICK ZURÜCK ZUM BOGENBERG

Von hier fahren wir schnurstracks den Berg hinab, bald an einer weiteren Gaststätte vorbei und immer geradeaus, bis wir schließlich auf eine Straße treffen, die uns den Weg nach Straubing nach rechts weist. Hier fahren wir in Richtung Franz Xaver Hafner Brücke – eine Gedenkplakette des ehemaligen Stadtrats ist übrigens auch an der Kirche in Bogenberg. Hier ist ordentlich Verkehr und

kein Radweg, mit kleineren Kindern muss man sehr gut aufpassen. Nach der Brücke führt eine Straße nach links nach Ainbrach. Die ist leider gesperrt, als wir dort anlangen, allerdings empfiehlt es sich, hier in einer Schleife nach links zu fahren und dann an der Donau wieder nach links weiter in Richtung Hermannsdorf. Wir wählen wegen der Baustelle die erste Straße nach rechts und fahren von hier auf einer viel befahrenen Straße in Richtung Sand. Von hier hat man nochmal wunderschöne Blicke auf den Bogenberg in der frühen Abendsonne.

Ein übermütiger, junger Hase hat uns nicht gesehen und flitzt in beachtlichem Tempo auf uns zu.

Außerdem ist immer mal wieder ein schneller Hase auf den Feldern unterwegs und es macht Freude, ihm zuzuschauen.

ÜBER ITTLING ZUM WILDROMANTISCHEN FRIEDHOF ST. PETER

Unser Weg führt uns geradeaus weiter in Richtung Ittling und dann nach Straubing, hie und da finden wir hier wieder Radwegschilder, die nach Straubing weisen. In Straubing

Der Gäuboden scheint fest in Hasenhand/-pfote zu sein

Belohnung für schweißtreibendes Bergaufschieben: Der weite Blick über Donau und Gäuboden

angelangt, kommen wir schließlich auf die Schlesische Straße und fahren auf dem Fahrradschutzstreifen bis zu einer Ampel nach dem Dehnermarkt, an dem wir rechts vorbeifahren. Hier biegen wir nach rechts ab und fahren zum Schanzlweg, der uns wieder an die Donau führt. Dieser Weg führt uns

auch am Friedhof St. Peter ❹ vorbei, der mit seinen verwachsenen alten Kreuzen und der wildromantischen Stimmung immer einen Besuch wert ist. Nach einem kurzen Stück an der Donau sehen wir schon wieder die Schlossbrücke, die wir zu unserem Auto überqueren.

MITTEL

25 KM   **3** STD

ZUM INTERVALLTRAINING UM DIE BURG

Strecke:

Falkenstein – Ölbergkapelle –
Großer Hammerweiher –
Wiesenfelden

Die Tour geht über Hügel bergauf
und bergab und ist durch seine
kleinen Dörfer und den immer
wieder schönen Blicken reizvoll.

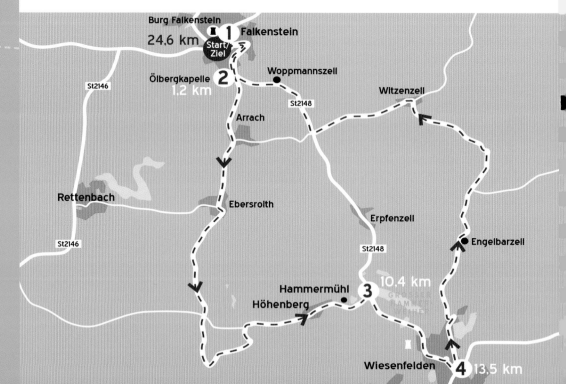

22

iese Tour ist eine echte Hügelfahrt oder ein kleines Intervalltraining – mal ist es anstrengend, wenn wir uns die Berge hocharbeiten, dann weht uns fröhlich der Fahrtwind um die Nase, und wir fragen uns, worüber wir denn so ins Schwitzen gekommen sind. In jedem Fall ist immer Abwechslung geboten, und wir bekommen einen guten Einblick in die kleinen Dörfer um Falkenstein. Dazu gibt's ein Naturschutzgebiet mit herrlich ruhigen Weihern und schöne Blicke auf die Ruine der Burg Falkenstein.

Einer hat hier sein kleines Häuschen in seinen eigenen Bahnhof umgewandelt.

BÄCKERLECKEREIEN ALS PROVIANT FÜR DIE HÜGELIGE TOUR

Los geht's am Parkplatz vor der Sparkasse in der Bahnhofstraße. Wir fahren weiter ein bisschen bergauf und beim Bäcker Wachter vorbei und nehmen uns gleich ein Rosinensemmelchen und ein Schmalzgebäck als Proviant mit. Wer weiß, was uns noch erwartet?! Von hier aus fahren wir gemütlich im kleinen Gang weiter auf der kurvenreichen Straße in Richtung der Ölbergkapelle. Hier ist ebenfalls ein größerer Parkplatz, wer außerhalb

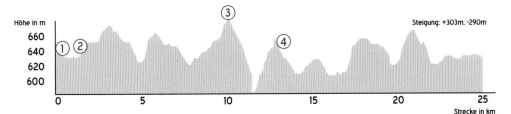

Sehenswertes:

Burg Falkenstein
Während der Sommermonate gibt der arkadengesäumte Burginnenhof den Hintergrund für die überregional bekannten „Burghofspiele Falkenstein". Das ganze Jahr über freut sich das Museum „Jagd und Wild auf Burg Falkenstein" über Besucher. Auf Burg Falkenstein ist sogar ein Standesamt und eine Schlosskapelle! Über Führungstermine auf der Burg informiert man sich am besten übers Internet unter:
www.burg-falkenstein.info
Auf der Burg ist außerdem eine Burggaststätte mit Biergarten. Nähere Infos und Öffnungszeiten findet man auf der Internetseite
www.burg-falkenstein.com
oder unter den Telefonnummern
0 94 62 / 91 11 29,
01 51 / 58 85 99 28 oder
01 51 / 24 00 30 03

Sehenswertes:

Freibad Falkenstein
Das Freibad hat neben zwei Becken und einer Breitwasserrutsche auch ein Beachvolleyballfeld und eine Minigolfanlage.
Badstraße 4
93167 Falkenstein
Tel.: 0 94 62 / 7 00
www.freibad-falkenstein.de

Naturschutzgebiet Weiherlandschaft
Hier gibt es Feucht- und Nasswiesen sowie Moor- und Bruchwaldgesellschaften. Über den sogenannten Beckenweiher gibt es einen 110 m langen Naturbeobachtungssteg. Auf den fünf bebilderten Tafeln des barrierefreien Rundwegs finden die Besucher Informationen über das Dorf, Fauna, Flora, das Naturschutzgebiet „Weiherlandschaft bei Wiesenfelden" und historisches über die Entstehung der Weiherlandschaft.

Falkensteins parken und sich den Anstieg zu Beginn der Tour sparen will.

ÖLBERGKAPELLE MIT BLICK AUF DIE BURGRUINE

Von hier aus hat man auch einen tollen Blick auf die ❷ Burgruine Falkenstein. Wir radeln weiter auf der Straubinger Straße Richtung Arrach. Schnurstracks geht es auf der Dorfstraße nach Ebersroith. Die Geranien blühen hier lustig an allen Balkonen, und man hat den Eindruck, die Ebersroither wollen sich gegenseitig mit den schönsten Gärten übertrumpfen. Hier fahren wir die Vorfahrtsstraße weiter bis nach der Abzweigung, wo auf der linken Seite ein Schild auf das Ebersroither „Glasschermviertel" hinweist.

ZUM GROSSEN HAMMERWEIHER ÜBER HÖHENBERG

Von hier aus fahren wir immer geradeaus bis Niederroith. Dort biegen wir nach links ab und fahren nach Heißenzell. Das kleine Örtchen durchfahren wir und biegen dann rechts ab in Richtung ❸ Höhenberg. Keine Sorge – größere

So proper die Gegend, so „wild" ist sie auch.

Berge sind hier nicht zu befürchten! Von Höhenberg geht es in Richtung Hammermühl und zum Großen Hammerweiher. Die Weiher hier sind Teil des Naturschutzgebiets Weiherlandschaft, und man sieht auch den ein oder anderen Vogel, allerdings bleibt für den Vorbeiradler wohl vor allem die bayernweit doch sehr verbreitete Ente zu besichtigen.

WIESENFELDEN

Wir fahren in die Ortschaft ❹ Wiesenfelden, wo wir uns auf die Suche nach einem Biergarten fürs Mittagessen machen. Wir fahren an der Kirche

Die Burg Falkenstein bestimmt das Landschaftsbild und ist bei strahlender Sonne besonders schön.

Essen:

Gasthof zur Post Wiesenfelden
Straubinger Straße 4
94344 Wiesenfelden
Tel.: 0 99 66 / 2 85
www.gasthof-zur-post-
wiesenfelden.de

Schlemmerhütt'n
Engelbarzeller Str. 4
94344 Wiesenfelden
Tel.: 0 99 66 / 91 02 00

Beide Wirtschaften haben einige
Tische draußen, der Gasthof zur
Post mit schönen alten Biergarten-
bäumen.

Hier ein Weiherchen und dort ein Weiher – mancher Bauer hat hier Anschluss an schöne Gewässer.

vorbei den Berg hinauf und sehen in der Kurve
einen Biergarten des Gasthofs zur Post, wo gerade
eine ganze Sau geröstet wird. Die Wirtschaft hat
eine hauseigene Metzgerei. Für den Vegetarier gibt's
umfangreichen Salat und einige andere nette
Gerichte. Gegenüber ist das Umweltzentrum Schloss
Wiesenfelden, das zum Zeitpunkt unserer Tour
geschlossen ist. Wir fahren den gleichen Weg zurück
und biegen rechts unterhalb der Kirche ab. Gleich
auf der rechten Seite sieht man die ebenfalls sehr
einladend aussehende Wirtschaft „Schlemmer-

hütt'n". Wir radeln ein Stückchen weiter und
kommen an den Neuweiher. Hier kann man zelten,
auf den Steg spazieren und vor allem auch baden
oder einfach mal kurz alle Glieder auf der Liegewiese von sich strecken.

VON EINEM -ZELL ZUM NÄCHSTEN

Weiter führt uns unser Weg nach Engelbarzell, wo
wir gerade durchfahren und uns in Richtung
Witzenzell orientieren. Achtung: Gerade bei einer

Die Beine ins Wasser baumeln lassen und schwimmen kann man am Neuweiher.

Hügel an Hügel reiht sich hier und macht den besonderen Reiz der Tour aus.

Wenn mans bis zur Stone Hill Ranch geschafft hat, braucht man für die letzten paar Meter bergab auch kein Pferd mehr.

der „Stone Hill Ranch". Keine Sorge – nun geht es nur noch gemütlich bergab, erst durch den kühlen schattigen Wald und dann direkt zur Ölbergkapelle. Wer bei der Sparkasse geparkt hat, darf sogar noch weiter auf der Straubinger Straße zum Auto rollen, ohne noch ein einziges Mal in die Pedale treten zu müssen!

AUSKLANG MIT BAD UND FITNESSPARK

Zum Schluss unserer Tour testen wir nach der nicht nur wegen der Steigungen, sondern vor allem wegen der Hitze schweißtreibenden Tour noch das Falkensteiner Freibad, das sogar eine lustige gelbe Wellenrutsche hat. Daneben kann man auch noch Minigolf spielen und sich im kleinen Outdoorfitness-park gänzlich verausgaben.

schönen Abfahrt geht es nach links weiter in Richtung Witzenzell, wir fahren nicht nach rechts in Richtung Klingerberg.
In Witzenzell folgen wir der Beschilderung nach Eckerzell, wo wir rechts abbiegen und kurz vor Woppmannszell zu einem schönen Pferdestall mit nettem kleinen Pony kommen,

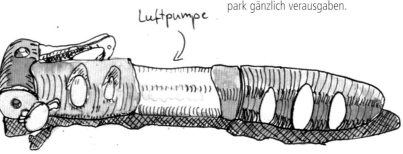

Luftpumpe

MITTEL

39 KM | **3½** STD

BADEN, EIN WEITER BLICK
UND EINE FAST HEILIGE EICHE

Strecke:

Obertraubling – Guggenberger
See – Sengkofen – Aufhausen,
Wallfahrtskirche – Alteglofsheim

Die Tour ist relativ flach mit einem
längeren Anstieg nach Aufhausen.
Von dort geht es dann sehr
gemütlich wieder zurück nach
Obertraubling.

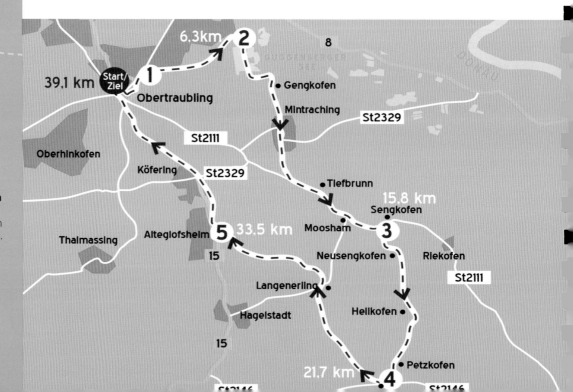

iese Tour ist relativ flach und noch flacher, wenn man sie ein wenig abkürzt und schon vor Aufhausen den Rückweg antritt. Außerdem bietet sie die Möglichkeit, im grandiosen Guggenberger Weiher ein Bad zu nehmen. Nur darf man dann nicht in der vorgeschlagenen Richtung fahren, sonst könnte es passieren, dass man vor lauter Baden nicht mehr zum Radeln kommt. Aber wäre das so schlimm?! Oder man fängt gleich am Guggenberger See mit der Tour an und belohnt sich am Ende der Tour mit dem erfrischenden Bad.

OBERTRAUBLING MIT GRAFFITIBRÜCKE

Ich jedenfalls starte am Bahnhof von ❶ Obertraubling, wo es ein paar kostenfreie Parkplätze gibt und vor allem auch eine solide Zugverbindung nach Regensburg oder Straubing. Freilich kann man auch von Regensburg zum Startpunkt radeln und die Tour zu einer Tagestour machen. Von hier starten wir los in Richtung Neutraubling, also erst in Richtung Norden am Bahngleis entlang und dann nach links unter dem Bahngleis hindurch. Von hier begleiten uns immer wieder grüne Radwegschilder. Nach der bunten Graffitiunterführung sehen wir bald die Firma Prosoft auf der rechten Seite und fahren unter der Autobrücke durch und gleich wieder links in Richtung Autohäuser. Bald kommen wir an eine Ampel, wo wir nach rechts abbiegen, rechts von uns liegen Felder, links kommt unter anderem ein Dehnermarkt, und wir fahren hier entlang der nördlichen Ortsgrenze von Neutraubling. Bald könnte man die Straße überqueren und zum Guggenberger See ❷ fahren, wir nutzen diese Möglichkeit allerdings noch nicht und fahren ein Stück weiter auf dem Fahrradweg.

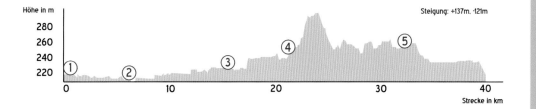

Essen:

Goldener Krug
Im Gasthaus zum Goldenen Krug
isst man besonders lecker und
regional und wird sehr nett
bedient.
Brunnenstraße 6,
93098 Sengkofen
Tel: 0 94 06 / 29 33
www.zum-goldenen-krug.de

Stiftsgasthof
Der Stiftsgasthof in Aufhausen
liegt direkt neben der Wallfahrtskirche Maria Schnee und hat einen
täglichen Mittagstisch.
Hofmark 1
93089 Aufhausen
Tel.: 0 94 54 / 9 49 50 00

Die Bäume säumen mit buntem Herbstlaub die Straße, und es macht so viel Spaß, hier entlangzuradeln und den
Schatten-Sonne-Kontrast auszukosten.

AUF ZU DEN SEEN

Hier sehen wir dann eine Brücke nach rechts in
Richtung Roither und Guggenberger See. Wir
überqueren die Straße und fahren mit ein paar
Kieslastern in Richtung des Guggenberger Sees. Hier
biegen wir nach rechts ab, und es ist eine Freude,
über den herbstlich still da liegenden See zu schauen,
einem Hund beim Spielen im Wasser zuzusehen und
die Spiegelung der bunten Bäume im Wasser zu

Nicht nur der Biber ist so richtig beeindruckt vom schönen weiten Guggenberger Weiher.

beobachten. Von hier fahren wir weiter nördlich, bis wir auf eine T-Kreuzung treffen. Hier halten wir uns links in Richtung Gengkofen. An einer weiteren, größeren Straße angelangt, biegen wir nach links ab in Richtung Mintraching. Hier halten wir uns auf der Vorfahrtsstraße und sehen bald ein Schild Richtung Tiefbrunn, dem wir folgen. Hier geht es über weite Felder, und das helle Licht lässt die Farben des Herbstes fast zu bunt erscheinen, man fühlt sich wie in einem surrealen, übertrieben getönten Gemälde.

SENGKOFEN MIT TOLLEM „GOLDENEM KRUG"

Von Tiefbrunn geht es weiter nach Moosham, das wir durchfahren, und nach ❸ Sengkofen. Ein kleiner Abstecher in den Ort rentiert sich, hier ist das exzellente Restaurant zum Goldenen Krug mit traumhaftem Kastanienbiergarten und sehr nettem Personal. Kurz: Eine Wirtschaft, wie man sie sich fast nur erträumen kann. Allerdings ist hier nicht immer geöffnet, es empfiehlt sich, sich vorher über die aktuellen Zeiten zu informieren.

Wer die Chance hat, in den "Goldenen Krug" zum Essen zu gehen, nutze sie: Hier stimmt einfach alles!

Unser Weg führt uns aber wieder zurück vom Goldenen Krug zum Ortseingangsschild. Hier biegen wir nach links ab in Richtung Hellkofen. Links sehen wir den Langenerlinger Bach, der sich ursprünglich dahinschlängelt.

HERBSTLAUB UND DIE SILHOUETTE DES BAYERISCHEN WALDES

Auch hier raschelt viel buntes Herbstlaub unter den Reifen. In Hellkofen angelangt, biegen wir

Hier einer kleinen Rast zu widerstehen, ist eine der schwierigsten Übungen der Strecke.

scharf rechts ab, um weiter nach Petzkofen und Aufhausen zu kommen. Auf dem schmalen Sträßlein über die Felder hat man einen wunderbaren Blick, links sieht man die Silhouette des Bayerischen Walds, und vor uns sehen wir schon die Wallfahrtskirche von Aufhausen. Um uns herum fahren die Bauern, ackern und säen Winterweizen, so dass die Landmaschinen das einzige rege Treiben in der Gegend sind. Autoverkehr gibt es hier fast keinen. Ein Stück vor Petzkofen könnten wir uns auch nach rechts halten und nach Triftlfing fahren. So spart man sich das Bergstück, allerdings verpasst man die weite und sehr schöne Aussicht und die Wallfahrtskirche.

WEG ZUR WALLFAHRTSKIRCHE AUFHAUSEN LÄSST EINEN STRAMPELN

Wer sich entscheidet, über Aufhausen zu fahren: Hier müssen wir uns nun ein bisschen anstrengen, um zu unserem höchsten Punkt auf dem Höhenzug der Großen Laber, der Wallfahrtskirche in ❹ Aufhausen, zu kommen. Petzkofen wartet mit einem stetigen, aber nicht zu steilen Berg auf. Oben angekommen,

35

Der Radlerschatten weist den Weg zurück in Richtung Vorwald und gefahrener Strecke.

sehen wir einen einsamen Baum stehen, der ein großartiges Bild in der Weite der Felder abgibt. Durch Triftlfing fahren wir gerade hindurch in Richtung Langenerling.

ALTE RASTBÄUME UM ALTEGLOFSHEIM

Dort angekommen, biegen wir nicht die erste, sondern erst die zweite, kleine Straße ab, die uns weiter nach Alteglofsheim führt. Hier gibt es wieder sehr schöne und wirklich verlockend in die Sonne stehende Bänke zum Rasten unter großen alten Bäumen. Die Straße ist schmal und aus Betonplatten gemacht. Es ist nicht die erste auf dieser Strecke, die uns ein bisschen in die Vergangenheit zu schicken scheint. Ganz anders wirkt die Landschaft hier wieder, wenn man sie z.B. mit den südlicheren Teilen des Landkreises Regensburg vergleicht, und es wird klar, welche herrliche Abwechslung die Gegend für den Radler bietet. Von hier fahren wir bis zu den Bahngleisen und halten uns dann rechts, um bald links über eine Brücke über die Gleise fahren zu können und nach Alteglofsheim zu kommen.

mündet Petzkofen bereits in Aufhausen, und wir fahren nach rechts auf die beiden Kirchen zu. Hier lohnt sich ein Blick in die Ferne und ein Besuch der Wallfahrtskirche. Nebenan ist ein Stiftsgasthof, um neue Kräfte zu tanken.

Aber auch ohne Auftanken geht es nun locker weiter in Richtung Triftlfing. Hier rollen wir einfach ein, ohne jede Anstrengung und freuen uns, anderen, heraufstrampelnden Radlern zulächeln zu können. Hie und da

Die Wolfgangseiche ist eine ganz besondere alte Schönheit, und ein klein wenig ehrfürchtig steht man vor ihr.

ABSTECHER ZUR WOLFGANGSEICHE UND ZUM SCHLOSS

Hier kann man das Schloss besuchen oder einen Abstecher nach Neueglofsheim machen, um die phänomenale, mindestens 1000 Jahre alte Wolfgangseiche zu besuchen. Der Baum ist innen hohl und steht mächtig in der abendlichen Herbstsonne da. Er wird offenbar gut erhalten und abgestützt und hat noch viele herbstliche Blätter. Unser Weg führt uns in Alteglofsheim ❺ nach rechts in Richtung Köfering. Jetzt fahren wir weiter entlang der Bahnlinie, mal näher, mal weiter. Der Fahrradweg ist hier gut ausgeschildert und zeigt mal Regensburg, mal Köfering an. Die Strecke ist ideal, weil kein Auto kommt und man doch viel Abwechslung mit Bäumen und Häusern hat. So geht es dann auch weiter von Köfering nach Obertraubling. An der großen Kreuzung fahren wir über zwei Ampeln nach links in den Ort ein und auf die Kirche zu. Von hier aus fahren wir weiter an Tankstelle und Geschäften vorbei, bis wir auf die Bahnhofstraße stoßen, die nach rechts direkt zu unserem Auto am Bahnhof führt.

Wenn ich sie anhabe, habe ich den Eindruck jetzt aber wirklich Sport zu machen.

MITTEL

20 KM   **3** STD

Strecke:

Traidendorf – Dietldorf –
Burglengenfeld – Eich –
Burgruine Kallmünz

Die Strecke ist abwechslungsreich
und hat auch einen ordentlichen
Berg, den es zu bezwingen gilt, bis
man wieder flach am Fluss entlang-
fährt und die Burg von Kallmünz
bald fest im Blick hat.

Nähere Informationen zu Kallmünz
gibt es auf www.kallmuenz.de

VON KÜNSTLERN UND HERRLICH ERFRISCHENDEN FLÜSSEN

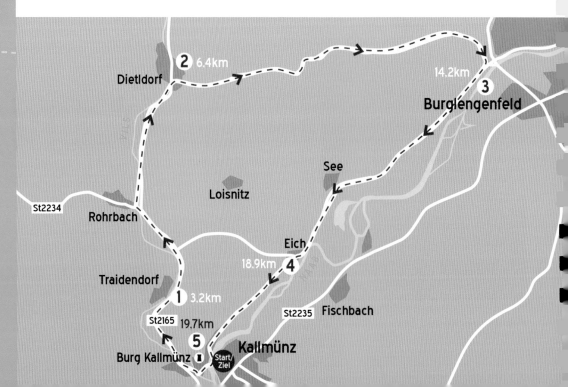

2   6.4km

Dietldorf

14.2km

3

Burglengenfeld

See

St2234

Loisnitz

Rohrbach

Eich

18.9km   4

Traidendorf

1   3.2km

St2165   19.7km

St2235   Fischbach

5

Burg Kallmünz   Start/Ziel   **Kallmünz**

D iese Tour hat etwas Verträumtes. Ein Künstlerort mit einem Haus im Felsen, bunten Häusern und dem Gefühl, dass die Zeit hier irgendwie anders läuft. Und dann noch diese wunderschönen Flüsse mit morschen und lebendigen Bäumen. Wer noch nicht in Kallmünz war, sollte die Chance nutzen, den Ort zu besichtigen und dann eine kleine Zweiflüsserunde zu machen. Bis auf einen ordentlichen, längeren Anstieg, der teilweise im Wald liegt, ist die Tour auch sehr gemütlich. Besondere Zuckerl bieten Naab und Vils, wo man sich an heißen Tagen kurz erfrischen kann.

Beeindruckende Felsen gibts bei Kallmünz jede Menge.

STÄRKUNG MIT BAUCHSTECHERLA UND EIN KLEINES HAUS IM FELS

Los geht unsere Tour mit einer ganz besonderen Spezialität. Im Gasthaus „Zum Bürstenbinder" gibt es die sogenannten Bauchstecherla, eine Art Fingernudeln, die man süß oder herzhaft genießen kann. Meine Freundin Ina und ich nehmen jeweils die herzhafte Variante, einmal mit Öl und Knob-

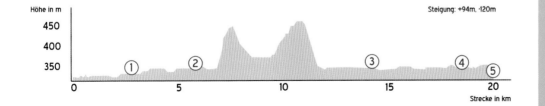

Sehenswertes:

Die **Kallmünzer Burg** wurde um 1230 hoch am Berg erbaut. Bayerische Herzöge wollten von dieser guten Lage den Erz- und Salzweg von Amberg nach Regensburg und den Handelsweg von Nürnberg nach Regensburg kontrollieren.

An den **bunten Häusern** in Kallmünz sehen wir einige Wandgemälde. Diese sind teils von den ortsansässigen Malern des 18. Jahrhunderts, wie z.B. Mathias Zintl und Josef Hämmerl. Hämmerls Sohn gestaltete im 19. Jahrhundert mehrere Glasfenster des Regensburger Doms.

Später waren in Kallmünz so berühmte Maler wie Wassily Kandinsky und Gabriele Münter, die sich hier auch 1903 verlobten. Die Bilder Kandinskys von Kallmünz gibt es heute in der Städtischen Galerie im Lenbach-haus in München zu sehen.

Die bunten Häuser in Kallmünz scheinen ihren ganz eigenen Willen zu haben.

Essen:

Gasthaus
„Zum Goldenen Löwen"
Das Gasthaus mit Biergarten und Gästezimmern hängt mit „Zum Bürstenbinder" zusammen.
Öffnungszeiten:
Mittwoch – Samstag: ab 18 Uhr
Sonntag: 11:30 bis 14:00 Uhr
Montag und Dienstag Ruhetag
Alte Regensburger Str. 18
93183 Kallmünz
Tel.: 0 94 73/3 80
www.luber-kallmuenz.de

Zum Bürstenbinder
Am Graben 9
93183 Kallmünz

Landgasthof Birnthaler
Die Wirtschaft hat einen Biergarten mit alten Kastanien und Gästezimmern.
Öffnungszeiten:
Dienstag und Mittwoch Ruhetag, sonst geöffnet von 9 bis 23 Uhr
Heitzenhofener Weg 13
93183 Kallmünz
Tel.: 0 94 73/9 50 80
www.landgasthof-birnthaler.de

lauch, einmal mit Käse, und sind von beiden begeistert. Nein, auch keinerlei Bauchstechen, im Gegenteil: Frisch gestärkt fahren wir in den Ort und halten oft an wegen all der schönen Skulpturen, die man hier besichtigen kann, und auch, weil die Häuser so bunt und liebevoll gestaltet sind. Besonders fasziniert uns natürlich das kleine Haus im Fels. Man kann auch immer wieder den Hals in Richtung Burg verrenken, am schönsten sieht man sie allerdings am Ende der Tour.

AN DER VILSMÜHLE UND AB ZUR ERFRISCHUNG IM FLUSS

Linkerhand sehen wir die Vilsmühle, bei der wir die Vils überqueren und von hier weiterfahren Richtung ❶ Traidendorf. Bei der Fahrt entlang der Vils zieht uns das schöne Wasser magisch an, und wir laufen über die Wiese und steigen bei der Hitze kurzerhand ins wirklich sehr erfrischende und erstaunlich tiefe Wasser. Achtung: Bei solchen Aktionen trifft man gerne auf steile Böschungen und Brennnessel und rutschige Äste im Wasser. Und was von außen so verlockend und romantisch wirkt, ist dann bei der Umsetzung manchmal nicht ganz so schön. Bereut haben wir aber unser kühles Bad nicht. Erst nach

Das kleine Haus im Fels (muss innen ganz schön dunkel sein)

So mancher Gartenbesitzer lässt den Radler mit seiner Deko schmunzeln.

LIEBER KÜHLE SCHORLE ALS LAUWARMER „TEE"

Hier tut Erfrischung Not, da unser mitgebrachtes Wasser von uns nur noch liebevoll als „Tee" bezeichnet wird. In der örtlichen Metzgerei mit angeschlossener Wirtschaft und Biergarten gibt's ein kühles Apfelschorle. Eine Stärkung, die wichtig ist, müssen wir doch direkt neben der Metzgerei den Berg hinauf – die einzig nennenswerte Steigung dieser Tour, die sich allerdings etwas in die

einem Stückchen Vils haben wir eine schöne Waldstrecke, die ein klein wenig auf und ab geht, uns aber sehr viel Freude macht. Von

hier kommen wir erst nach Rohrbach und dann weiter nach ❷ Dietldorf.

Wer würde da nicht einen romantischen Abend im Boot verbringen wollen?

Hier spannt sich das Wadl der munteren Radlerin, wenn es immer mehr den Berg hinaufgeht.

Länge zieht. Wir nehmen anhand der Beschilderung immer weiter Kurs auf ❸ Burglengenfeld, wo wir mit munterem Schwung ankommen, da der Anstieg auch mit einer schönen Abfahrt belohnt wird. Burglengenfeld lassen wir links liegen und fahren direkt auf dem Naabradweg, der leider nicht ganz am Fluss entlanggeht, dafür aber ein schöner Teerfahrradweg ist. Wir beeilen uns,

Die Vils lädt mit Plätschern und der Spiegelung der Sonne zu einer kleinen Erfrischung ein, auch wenn es gar nicht so leicht ist, ins Wasser zu kommen.

vertäut, und wir gönnen uns eine weitere kurze Schwimmeinlage über Stufen in die Naab. Vorsicht: Auf dem Grund könnten Scherben liegen, ich bin auf zwei unzerbrochene Bierflaschen getreten. Auch der Blick auf die Brücke ist hier sensationell, die nur im einen Teil eine alte Steinerne Brücke ist. Wir überqueren die Brücke und kommen wieder zurück zu unserem Ausgangspunkt.

da wir von links eine riesige, unüberholbare Radlergruppe sehen. Auch andere wissen, was eine gute Strecke ist!

BLICK AUF DIE BURGRUINE MOTIVIERT ZUM ENDSPURT

Wir kommen in den kleinen Ort Eich ❹ und von dort erstaunlich schnell wieder in Richtung Kallmünz. Nun sieht man auf der linken Seite alte Bäume und so manch hohes Gras an der Naab. Auch der Blick auf die Burgruine ❺ ist gerade in der Abendsonne grandios. Wer direkt an der Naab wohnt, holt hier schnell noch ein paar Kannen Gießwasser im Badeanzug, andere haben hier ihre Boote

Die Ansicht auf Kallmünz samt Berg ist von nah und fern spannend.

LEICHT

45 KM | **4½** STD

Strecke:

Kelheim – Abensberg –
Vogelpark – Bad Gögging –
Kloster Weltenburg

Die Strecke ist weitgehend flach
und sehr abwechslungsreich, zu
besichtigen gibt es jede Menge.

HOPFEN, SPARGEL UND DER DONAUDURCHBRUCH

Essing Ihrlerstein

44.9 km **Start/Ziel 1** Kelheim

Kloster Weltenburg

34.5 km **5**

Staubing

Reissing

Arresting

Saal

Sittling

Bad Gögging **4** 23 km
299

14.2 km

Heiligenstadt

Abensberg **2**

Pförring

3

17.4 km 16

Neustadt

Biburg

93

46

D iese Tour bietet alles und für jeden etwas: Eine wunderbare Strecke, einen Zoobesuch, eine Schifffahrt, leckeres Essen und jede Menge Kultur. Eigentlich könnte man in der Gegend um Kelheim auch gleich einen Wochenendtrip mit Wellnessvergnügen machen.

AN DER DONAU ENTLANG
UND AN PLANTAGEN VORBEI

Wir starten am Parkplatz direkt an der Donau in ❶ Kelheim Pflegerspitze, der gut ausgeschildert ist. Von hier fahren wir nach links an der Donau entlang, bis wir zur großen Autobrücke in Kelheimwinzer kommen. Wir schieben unser Fahrrad hoch über die Treppenrampen und fahren oben angekommen von dort über die Donau zum Kreisverkehr auf der anderen Seite. Dort biegen wir links ab in den Ort

und radeln immer weiter bis zum nächsten Kreisverkehr, wo unser Radweg wieder gut ausgeschildert ist. Wir folgen dem Kelheim-Abensberg-Weg. Von hier geht unser Radlweg ein kurzes Stück an der B16 entlang, sehr bald biegen wir dann aber in Richtung Plantagen einer Baumschule ab, und während wir an Feldern vorbeifahren, bemerken wir die große Straße nebenan kaum mehr. In Arnhofen angelangt, fahren wir nach rechts über eine Autobrücke und folgen dann wieder der weiteren Beschilderung nach links nach Abensberg.

SPARGEL, STÖRCHE UND
ERNAS OBST- UND GEMÜSELADEN

Abensberg ❷ hat nicht nur den Hundertwasserturm zu bieten, wir genießen vor allem Ernas Obst- und Gemüseladen am Adolph-Kolping-Platz mit herrli-

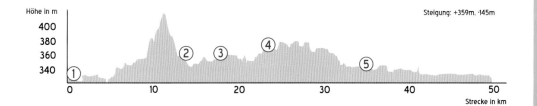

Essen:

Ernas Obst- und Gemüseladen:
Öffnungszeiten:
Montag bis Freitag:
7:30 bis 18:00 Uhr,
samstags bis 12:00 Uhr.
Tel.: 0 94 43/37 95

Gasthaus Jungbräu
Hier gibt es zur Saison guten
Spargel und einen sehr netten
Service.
Öffnungszeiten:
Dienstag – Sonntag: ab 8:00 Uhr
Weinbergerstraße 8
93326 Abensberg
Tel.: 0 94 43/9 10 70
www.hotel-jungbraeu.de

Biergarten "Zur Fähre"
Im Biergarten sitzt man hier
besonders schön an der Donau.
Öffnungszeiten:
April – Oktober 11:30 – 22:00:Uhr
Sonntag: ab 9:00 Uhr,
Ruhetag: Montag
Zur Überfuhr 15
93333 Neustadt an der Donau
Tel.: 0 94 45/84 43

In Abensberg sind nicht nur die Wasservögel besonders gern.

chen Leckereien zum Mittagessen – alles selbst gekocht, alles vegetarisch. Gegenüber von unserem Mittagsplatz auf der Bierbank an der Sonne nisten die Störche und sind ebenfalls emsig bei der Futterverteilung. Und natürlich lässt sich hier in der Spargelregion auch ganz hervorragend Spargel genießen in den schönen Biergärten – wenn es denn gerade die rechte Zeit für das herrliche Gemüse ist.

DER HOPFEN GRÜSST AUS DER HÖHE

Wir freuen uns dafür am hoch gewachsenen Hopfen, der unseren Fahrradweg immer wieder umrahmt. Von Abensberg fahren wir über ein kleines Brücklein über die Abens in Richtung Gillamooswiese, die wir links liegen lassen, und dann zirka einen Kilometer weiter in Richtung Neustadt an der Donau. Beim Schild zum Vogelpark biegen wir nach rechts. Bald stehen wir auf dem Parkplatz des ❸ Vogelparks.

SCHLEIEREULEN UND JEDE MENGE STREICHELTIERE IM VOGELPARK

Hier gibt es als Höhepunkte der Putzigkeit die beiden fünf Wochen alten Schleiereulen Flipflop und

Schön eben und ruhig geht es auf dem Damm für den Radler dahin.

Er und seine Familie sind in Abensberg die Stars des Kolpingplatzes

Sammy, die ruhig bei der Tierpflegerin auf dem Boden sitzen und es sogar zu genießen scheinen, wenn man ihnen sanft über die weichen Federn streichelt. Mit großen orangen Äuglein schauen sie uns jedenfalls an, und kaum einer wird hier wohl seinen Beschützerinstinkt im Zaum halten können. Auch die anderen Tiere, unter ihnen frei laufende Ziegen, viele Vögel, Ponys, Schweine und sogar Wallabys sind nicht nur für Kinder eine Freude. Kleine Ausdrucke erzählen persönliche Geschichten der einzelnen Tiere wie die, als das Zwergpony Sammy Reißaus nahm, um wieder bei seiner Partnerin zu sein, die in ein anderes Gehege umgezogen war.

MONDÄNES BAD GÖGGING
Nach dem Vogelpark fahren wir nach rechts weiter durch etwas Wald und sehen hier bald viel hohen Hopfen. Unser Weg führt uns nach Heiligenstadt, und von dort fahren wir schnurstracks weiter ins mondäne Bad Gögging ❹ mit seinen großen Hotels und griechisch anmutenden Säulen, gleichzeitig aber auch seinen nüchternen großen Kliniken.

Einer, der Eulenbaby Sammy und den Ziegen im Vogelpark widerstehen kann, muss vielleicht erst geboren werden.

Man hat das Gefühl, in eine ganz, ganz andere Gegend gefahren zu sein. Es gibt Zeitschriftenkioske und Imbisse für den kleinen Kurbedarf und den ein oder anderen Laden, der ein bisschen esoterisch wirkt. Von Bad Gögging fahren wir weiter nach Sittling, was wieder mit bunten Blumen und kleineren Häusern wie ein ganz gewöhnliches bayerisches Dorf erscheint. Hier könnten wir dem geteerten Radweg weiter folgen, entschließen uns aber, gerade weiter nach Eining zu fahren, wo an der Fährenanlegesta-

Spektakuläre Donaufelsen sind von Rad und Schiff zu sehen.

tion der Wirt gute Geschäfte mit seinem „Biergarten zur Fähre" zu machen scheint. Recht hat er, der Platz an der Donau ist einfach ausgesprochen einladend.

HÖHEPUNKTE SIND KLOSTERSCHENKE UND DER DONAUDURCHBRUCH

Von hier bleiben wir direkt an der Donau auf dem Kiesweg in Richtung Staubing und

❺ Weltenburg, von wo wir das Schiff zurück nach Kelheim nehmen. Zuerst gibt's aber noch eine schöne Einkehr im Klostergarten. Die Klosterschänke in Weltenburg präsentiert sich am Abend gemütlich mit dem hiesigen

Vor allem in der Sommerhitze dem Schwimmer sehr willkommen: Kiesbänke an der Donau.

Das Kloster Weltenburg lädt mit tollem Biergarten, leckerem Essen, einem kleinen Laden und Museum und einer sehr beeindruckenden Kirche zum längeren Bleiben ein.

berühmten Bier, einer Portion Pfifferlingen mit Semmelknödel und Fischpflanzerl mit frischem Kartoffelsalat. Auch die Bedienungen sind entspannt und freundlich. Die Rückfahrt mit der Fähre ist noch einmal ein echtes Highlight mit den hohen Felsen der Umgebung, die einen still staunen lassen. Glücklich paddeln hier noch einige; drei Leute versuchen sich sogar darin, hinter unserer Fähre im „Windschatten" zu fahren. Von der Anlegestelle fahren wir noch ein Stückchen weiter nach rechts und sind sofort wieder bei unserem Auto. Man fühlt sich wirklich auch als Einheimischer so, als würde man einen Tag Urlaub machen bei dieser abwechslungsreichen Tour.

Und wer weiß, vielleicht kommen wir zum Paddeln bald hierher zurück!

Foto: Josef Roidl

LEICHT

35 KM   **2½** STD

Strecke:

Beratzhausen – Beilnstein – Schafbruckmühle – Laaber – Deuerling –Schönhofen

Die Strecke ist wunderbar gemütlich, da es nur bergab geht und daher auch mit Kindern gut zu machen.

Der Zug von Regensburg nach Beratzhausen fährt normalerweise im Zwanzigminutentakt. Es sind eigens Abteile fürs Fahrrad ausgewiesen. Nähere Informationen zu den Zügen findet man bei www.deutschebahn.com

TAUSEND MÜHLEN (ODER FAST)

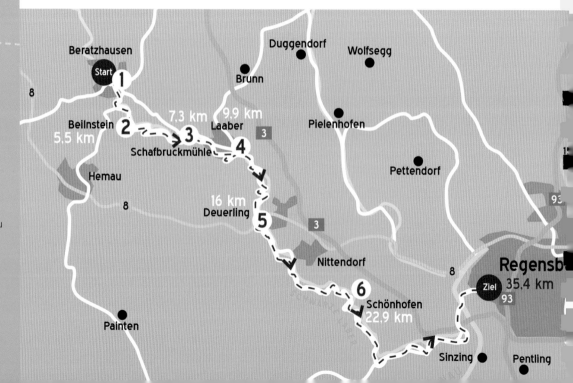

Beratzhausen
Start **1**

Duggendorf
Wolfsegg

Brunn

8

Beilnstein **2**   7,3 km   9,9 km
5,5 km   **3**   Laaber
Schafbruckmühle   **4**   3

Pielenhofen

Hemau

8   16 km   Deuerling **5**

Pettendorf

3

Nittendorf   93

Regensb
Ziel   35,4 km
93

6 Schönhofen
22,9 km

8

Painten   **7**

Sinzing   Pentling

Diese Tour ist in jeder Hinsicht stressfrei: Eine kleine Zugfahrt und dann ein gemütliches Rollen mit dem Radl in Richtung Regensburg, begleitet von vielen Mühlen auf unserem Weg und Schildern über deren Geschichte und heutige Verwendung. An dieser Tour gibt es mehrere ganz besonders erfreuliche Aspekte. Sie ist gut ausgeschildert, und man muss daher fast nie auf Navi oder Karte schauen, und es geht immer gemächlich flussabwärts, also bergab. Die Tour ist auch für Kinder gut zu machen, zumal einige schöne Spielplätze auf dem Weg locken. Ein besonderer Tipp ist der Abenteuerspielplatz der Gemeinde Deuerling. Natürlich kann man die Tour auch in der anderen Richtung fahren oder gar hin und zurück mit dem Fahrrad fahren. Der Weg führt immer wieder auch über Schotterstraßen und Waldwege, ist aber mit einem normalen Tourenrad gut befahrbar.

BERATZHAUSEN MIT SCHMUCKEM KONDITOREIGEBÄUDE

Unsere heutige Tour beginnt nicht mit dem Radeln, sondern damit, dass wir mit dem Zug von Prüfening zu unserem Startpunkt fahren. Am Prüfeninger Bahnhof ist das Parken kein Problem. Man beachte aber, dass der Fahrkartenautomat auf Gleis drei ist. Vom ❶ Beratzhausener Bahnhof fahren wir immer auf der Ceyrater Straße bergab in Richtung Ortszentrum, das sich entlang der Marktstraße befindet. Ein kleiner Schlenker in die Marktstraße zeigt uns z.B. das schöne und gut erhaltene Gebäude der Konditorei Prock. Die Schwarze Laber läuft einigermaßen parallel zur Marktstraße, und wir fahren noch ein bisschen weiter bergab, bis wir auf die Laber stoßen und in die Mühlenstraße nach rechts biegen.

Sehenswertes:

Spielzeugmuseum Hemau
Zu sehen sind Exponate aus dem 19. und 20. Jahrhundert wie Puppen, Puppenwägen, -stuben, -geschirr und -häuser, Kaufläden, Blech und Holzspielzeug, Metall- und Holzbaukästen, Kinderbücher, eine Westernstadt, ein Bauernhof und Burgen, Dampfmaschinen, Plüschtiere aller Art sowie eine funktionsfähige Modelleisenbahn. Gruppen sind nach Anmeldung ganzjährig willkommen.
Stadtplatz 4
93155 Hemau.
Tel.: 0 94 91 / 95 33 95
oder 0 94 91 / 13 00

Das **Waldbad Hemau** gilt als einer der saubersten Badeseen Bayerns. Umgeben von hohen Bäumen liegt der 10.000 Quadratmeter große Badeweiher rund zwei Kilometer nach Hemau in Richtung Riedenburg. Das Waldbad in Hemau ist von Mitte Mai bis September geöffnet.

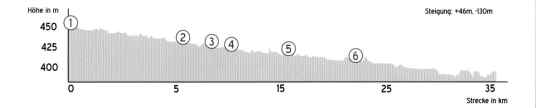

Höhe in m

Steigung: +46m, -130m

Strecke in km

Sehenswertes:

**Walderlebniszentrum
und Kletterwald**
Ebenfalls nahe der Strecke in
Sinzing ist das Walderlebniszen-
trum und der Kletterwald. Das
Walderlebniszentrum hat ein
wechselndes Programm, das den
Jahreszeiten angepasst ist. Nähere
Informationen gibt es beim Amt für
Ernährung, Landwirtschaft und
Forsten: **www.aelf-re.bayern.de**
Rieglinger Höhe 1
93161 Sinzing
Tel.: 09 41 / 59 93 99 20
Informationen zum Kletterwald:
www.kletterwald-regensburg.de.
Die Saison geht von März bis
November. Der Kletterwald hat für
Groß und Klein einige Parcours zu
bieten und gibt einem das Gefühl,
wie ein Eichhörnchen durch die
Bäume hüpfen zu können.

Eine Mühle, die wie eine Kirche aussieht

KASTANIEN, FISCHREIHER UND ENTEN

Nun fahren wir schon an der Laber entlang
Richtung der großen Gaststätte Friesenmühle, die
von schmucken Kastanien eingerahmt ist. Es soll uns
nicht irritieren, dass der Wegweiser nach Hemau
zeigt, wir fahren einfach weiter an der Laber und
folgen dem weißen kleinen Schild mit dem grünen
Fahrrad, das man an kritischen Stellen immer wieder
findet. Besonders fallen immer wieder die bunten
Blumenwiesen an der Laber auf, die sich gemächlich
in ihrem Revier dahinschlängelt. Enten sind mit

ihren Jungen zu beobachten, und sogar ein Fischreiher war auf unserer Fahrt dabei, ein paar Fischleckerbissen zu fangen. Die großen Bäume hängen teils romantisch über das Flüsslein, das manchmal sehr schmal ist und dann doch wieder erstaunlich breit.

Eine Entenmutter ist hier mit ihren acht Jungen unterwegs und hat keine leichte Aufgabe, die kleine Schar zusammenzuhalten.

BEILNSTEINER KAPELLE UND SO VIELE MÜHLEN

Beilnstein ❷ überrascht uns mit einer kleinen, hoch aufragenden Kapelle. Von hier fahren wir links weiter, wo der Wegweiser nach Deuerling und Laaber zeigt. Immer wieder stoßen wir auf unserem Weg auf braune Schilder, die die vielen einzelnen Mühlen erläutern. Entlang der Laber verläuft auch der Mühlenwanderweg. So erfahren wir hier z.B. über die Mausermühle, dass sie seit 1996 der Stromerzeugung dient und früher eine Getreide- und Gipsmühle war, die ursprünglich zu St. Jakob in Regensburg gehörte. Neben dem Mühlenwanderweg gibt es noch zahlreiche weitere Wanderwege im Labertal, die sicher einen weiteren Besuch lohnen.

Laaber hat nicht nur eine wildromantische Seite.

Sehenswertes:

Burgruine Laaber
Die Burgruine Laaber ist bewohnt, aber frei zugänglich. Bitte respektieren Sie die Privatsphäre der Burgbewohner. Schöne Bilder gibt es auf **www.burgenseite.de**

Informationen gibt der Markt Nittendorf Tel.: 0 94 04 / 6 42-0 **www.landkreis-regensburg.de/ Freizeit-Tourismus/Burgen-Schloesser/BurgruineLoch.aspx**

Essen:

Gasthaus Schafbruckmühle
Das Gasthaus mit Mühle ist etwas ganz Besonderes: Liebevoll geführt, weitab von jedem Internetauftritt. Am besten ist wohl, man fährt vorbei und schaut, was die Damen Leckeres für den Gast vorbereitet haben! Ganz wie früher, sagen Facebookfans, und recht haben sie!
Öffnungszeiten:
täglich von 8:00 – 20:00 Uhr
Gasthaus Schafbruckmühle
Inhaberin Agnes Schweiger
Schafbruckmühle
93164 Laaber
Tel.: 0 94 98/87 97

Brauerei-Gasthof Plank
In Laaber kann man zum lokal gebrauten Bier essen im Brauerei-Gasthof Plank. Der Besitzer hat eine eigene Mühle, die die Brauerei mit Strom versorgt. Ruhetage sind Dienstag und Mittwoch.
Marktplatz 1
93164 Laaber
Tel.: 0 94 98/87 07
www.brauerei-plank.de

Auf so einer Terrasse an der Laber will man doch einfach nur bleiben und genießen!

BROTZEIT IST DIE BESTE ZEIT!
Am Rande unseres Weges finden sich immer wieder Bänkchen, manchmal mit Tischen unter teils knorrigen, alten Bäumen, die zur Brotzeit einladen.

Wir überqueren die Laber nach der Gleislmühle über ein kleines Holzbrücklein, das wieder unser grünes Radlerzeichen trägt. Bald überqueren wir die Laber nochmals und gelangen zu einem schönen Spielplatz, der zum Gasthaus Schafbruckmühle ❸ gehört. Die Mühle wurde 1763 erbaut. Die fast neunzigjährige Mutter bewirtschaftet die Mühle mit ihrer Tochter und verwöhnt die Radler mit Braten, Knödeln und Salat zu sehr günstigen Preisen und dem Höhepunkt frischer Küchlein. Das urige Gasthaus hat einen Innenraum, durch dessen Glasscheibe man direkt auf das Mühlrad blicken kann.

LAABERS ENGE GASSEN UND BIERBRAUEREI

Von hier fahren wir wenige Meter auf der Straße und biegen dann wieder beim grünen Radlschild in einen Waldweg ein. Gemütlich rollen wir über die Augasse nach ❹ Laaber ein. Hier geht es durch enge Gassen, an liebevoll gestalteten Häusern und Eingängen vorbei. Rechts an einem reich verzierten Haus wurde gar ein kleines Fahrrad ins Geländer geschweißt. Nach links führt kurz darauf eine Brücke über die Laber in den Ort, wo wir wieder rechts und links eine Mühle sehen. Der Ort lohnt einen kurzen Abstecher. Hier gibt es einen kleinen Buchladen und einen Edeka, der alles zu führen scheint, vor allem

Unmengen Blumen und Gemüsepflänzchen. Leckeres Bier wird in der Brauerei Plank gebraut, die ihre Energie aus der eigenen Turbine an der Laber bezieht. Zum Testen kann man eine Flasche in der Fahrradtasche mitnehmen oder im dazugehörigen Gasthaus außer dienstags und mittwochs einkehren. Auf einem Felsen über dem Zentrum von Laaber steht die Burgruine, die man über einen Weg mit Kopfsteinpflaster erreichen kann.

DEUERLING MIT TOLLEM ABENTEUERSPIELPLATZ

Von Laaber aus fahren wir in Richtung Deuerling ❺ immer der Beschilderung nach. In Großetzenberg fahren wir durch das Gelände eines großen Campingplatzes und am Ende von dessen Parkplatz wieder weiter auf unseren Laberradweg. Wir folgen einige Zeit später dem Schild in Richtung Sinzing. Nach Deuerling lädt besonders der große Abenteuerspielplatz der Gemeinde Hinterseeberg zum Toben ein. Die große Seilbahn schießt einen sehr flott ins Tal, und auch die große silberne Rutsche befördert einen sehr

Bei Deuerling ist gut rutschen!

Im Outdoorskulpturenpark hat man nicht nur als Holzmann Grund zu bleiben.

Bei dieser Tour kann sich nicht nur die Autorin freuen.

schnell den Hügel hinunter. Hier lohnt auf jeden Fall ein Stopp. Von Laaber und Deuerling könnte man auch wieder bequem mit dem Zug zurück nach Prüfening fahren, sollten einige Mitglieder der Fahrradtruppe nicht mehr in Radlstimmung sein.

STEINLABYRINTH UND DIE BURGRUINE LOCH

Kurz nach dem Spielplatz finden wir auf unserer Strecke auf der linken Seite ein Labyrinth, das mit Steinen in den Boden gelegt wurde. Außerdem sehen wir die Burgruine Loch, das Wahrzeichen von Eichhofen. Eichhofen ist ansonsten wohl manchem durch seine Brauerei bekannt. Wir biegen aber kurz vor der Brauerei nach links über die Laber ab und fahren weiter in Richtung der spektakulären Felsen von Schönhofen, die den Kletterern der Region ein Begriff und populärstes Nahkletterziel sind.

OUTDOORSKULPTURENPARK VOR KLETTERFELSEN

Kurz vor dem Kletterpark ist ein Skulpturen-park mit teils zum Verkauf angebotenen Holzskulpturen, der für jung und alt einen kurzen Besuch lohnt. Entlang und über den Felsen von Schönhofen ❻ befindet sich auch der Alpine Steig, ein sehr schöner, kurzer Wanderweg mit weitem Blick über die

So viel Freude macht ein schönes Regal im Freien.

Landschaft. Der Radweg führt uns weiter in Richtung Alling. Hier sehen wir wieder weitere Hinweisschilder auf die Mühlen der Gegend. Seit dem 14. Jahrhundert gibt es die Eichenseer Mühle, die heute zur Stromerzeu-gung genutzt wird.

KLEINE HÄUSER AN DER LABER

Immer wieder schön sind die kleinen Häuser mit Terrasse direkt an der Laber. Wie entspan-nend mag es sein, nach einem anstrengenden Tag die Füße von der eigenen Terrasse ins

Direkt nebeneinander bietet unsere Tour tolle Felsen, satte Wiesen und Barockkirchen.

Wasser baumeln zu lassen und den Enten zuzuschauen! Über Bruckdorf fahren wir weiter nach Sinzing. Sobald wir in Sinzing auf das Ende der Straße stoßen, weist ein Schild nach links in Richtung Regensburg Stadtmitte, wo wir weiterfahren. Auf der Eisenbahnbrücke geht es dann über die Donau in Richtung Prüfening. Sobald wir die Brücke verlassen, fahren wir immer geradeaus, bis rechts das Straßenschild „Prüfeninger Schloßstraße" auftaucht, in der der Bahnhof und damit unser Startpunkt ist.

ZUM ADLERSBERG UND AN DIE NAAB

MITTEL

30 KM   **3** STD

Strecke:

Mariaort – Adlersberg –
Burg Wolfsegg – Pielenhofen
mit Klosterkirche

Zuerst müssen wir etwas zum
Adlersberg hochstrampeln, und die
Strecke bleibt auch hügelig bis
nach Wolfsegg. Gemütlich
ausradeln können wir dann aber
an der Naab.

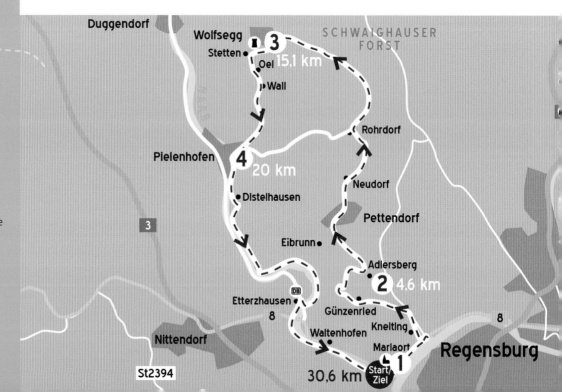

A uf unserer Tour starten wir von der Schiffsanlegestelle in ❶ Mariaort. Aus Regensburg kann man hierher gut an der Donau entlangradeln, wer mit dem Auto kommt, findet hier einige wenige kostenfreie Parkplätze. Der Weg zur Schiffsanlegestelle ist in Mariaort gut ausgeschildert. Wie bei so vielen Rundtouren hätten wir die Möglichkeit, in die eine oder in die andere Richtung zu fahren, also im oder gegen den Uhrzeigersinn. Wir entscheiden uns dafür, gegen den Uhrzeigersinn zu fahren, da wir dann erst ein paar Berge überwinden und am Ende die Tour gemütlich an der Naab ausrollen lassen können. Den besonderen Reiz der Tour macht die Abwechslung der Geländearten aus.

ZUM KLOSTER ADLERSBERG

Zum Start unserer Tour orientieren wir uns an den grünen Radwegschildern des Radwegs R5. So fahren wir ein kurzes Stück an der Naab entlang in Richtung Kneiting. Hier begleitet uns ein Fahrradweg. Von hier biegen wir nach links ab und nehmen Kurs auf in Richtung Hinterberg, wo wir vor dem Ortsschild Richtung Günzenried abzweigen. Schon müssen wir ordentlich nach unten schalten, um die Steigung zu bewältigen. Das ehemalige Kloster Adlersberg mit seinem berühmten Biergarten und der Brauerei bekommen wir hier schon bald in den Blick. Wir folgen der Beschilderung Richtung Hummelberg und ❷ Adlersberg.

Sehenswertes:

Burg Wolfsegg
Im Sommer finden hier einige Veranstaltungen statt mit Konzerten und Veranstaltungen auch für Kinder.
Öffnungszeiten:
Samstag, Sonntag und Feiertage: 10–16 Uhr
www.burg-wolfsegg.de

Wallfahrtskirche Mariaort
Die jetzige Kirche wurde 1774 geweiht und dient seither als Marienkirche mit Gottesdiensten und Trauungen.
www.mariaort.de

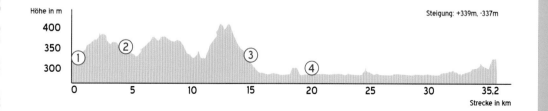

Sehenswertes:

Römische Galeere
Wer so richtig in alte Zeiten
eintauchen will, kann mit der
Galeere fahren, die in Mariaort auf
der Donau liegt. Für Gruppen
zwischen 20–35 Personen sind
Fahrten auf Anfrage möglich, auch
Schulklassen können fahren von
Mai bis September.
Universität Regensburg
Lehrstuhl für Alte Geschichte
Universitätsstr. 31
93040 Regensburg
Tel.: 0941/9433716
www.landkreis-regensburg.de/
Freizeit-Tourismus/Freizeitangebote/
Bootswandern/
RoemischeGaleere.aspx

Geradezu winzig ist der Turm der Kirche von Adlersberg im Verhältnis zum ganzen Bau.

WEITER BLICK VON DER ALTEN LINDE AUF REGENSBURG

Auf dieser Anhöhe finden wir eine alte Linde und
haben einen schönen Blick auf Regensburg samt
Dom und in die Weiten der Landschaft mit Hügelchen und Hochhäusern. In einem Bogen über
Hummelberg fahren wir zum Biergarten ein. Hier
gibt es ein paar Tiere zum Anschauen und teils
sogar zum Streicheln. Ein Pferd steht direkt an der
Klosterkirche, eine Ziege sitzt im Gras, und man
sieht Hühner und Tauben in Verschlägen. Selbst an
Wochentagen ist am Adlersberg so einiges los.

BUNTES VOLK UND LECKERES ESSEN AM ADLERSBERG

Kleriker und Nonnen sitzen an den Tischen genauso wie einige Ausflügler und lassen sich das Bier schmecken, das einen guten Ruf hat. Die Küche ist bodenständig und sehr gut, vor allem, wenn gerade Kartoffelnudeln mit Schnittlauch auf der Karte stehen. Ein paar Nonnen bezeichnen mich und die Freundin, mit der ich unterwegs bin, beim Verlassen des Biergartens als besonders mutig, weil wir über die Berge radeln.

ÜBER DIE HÜGEL IN DEN WALD

Mit einem Schmunzeln machen wir uns weiter auf durch die Ortschaft Hummelberg und immer gerade weiter Richtung Pettendorf. Die häufigen Anstiege werden hier mit kurzen flotten Abfahrten belohnt. In Hummelberg fahren wir noch auf der Straße, nach Pettendorf geht es dann auf einem Fahrradweg links der Straße. In Pettendorf zweigen wir am Ende der Schloßstraße links ab auf die Hauptstraße in Richtung Neudorf. In Neudorf biegen wir rechts ab in die Gartenstraße in Richtung Rohrdorf. Am Ortsausgang von Rohrdorf biegen wir nach rechts ab und

Die Tour bietet dem Radler immer wieder einen schönen Überblick.

Kapellen gibts in der Gegend auch in ganz besonderen Formen.

Essen:

Klosterwirtschaft Pielenhofen
Pielenhofen ist bekannt durch das Kloster Pielenhofen und das Internat der Regensburger Domspatzen. In der Klosterwirtschaft kann man sich für weitere Radlkilometer stärken.
Öffnungszeiten:
Dienstag bis Samstag: ab 11 Uhr,
Sonntag: ab 9 Uhr
oder nach Vereinbarung.
Klosterstr. 6
93188 Pielenhofen
Tel.: 0 94 09/15 25
www.klosterwirtschaft.de

Prösslbräu Adlersberg
Hier gibts einen großen Biergarten und deftig-bodenständiges Essen und sogar ein Hotel.
Das dazugehörige Prösslbräu kann man nach vorheriger Anmeldung in Gruppen besichtigen.
Öffnungszeiten:
Dienstag bis Sonntag: 8 bis 24 Uhr,
Montag Ruhetag
Tel.: 0 94 04/18 22
www.adlersberg.com

Hervorragend erhalten ist die Burg Wolfsegg – ich kriege richtig Lust, mein Phantasieschwert auf dem Radl zu zücken und in der Luft herumzufuchteln.

Weg führt uns wieder auf die vielbefahrene Straße R39, die wir überqueren und unseren Weg dann im Wald in Richtung ❸ Wolfsegg fortsetzen. Hier finden sich auch immer wieder teils bunt und ungewöhnlich gestaltete Marterl. Aus dem Wald kommend, erreichen wir Wolfsegg bei der Stettener Straße. Hier wäre es möglich, direkt dem Schild nach links in Richtung Stetten zu folgen. Wir entscheiden uns aber, der Burg Wolfsegg einen kurzen Besuch abzustatten. In der gotischen Burg soll, raunt man sich zu, eine „weiße Frau" herumgeistern. Im Sommer finden immer wieder Freiluftveranstaltungen statt. So rollen wir in den Ort hinein und besichtigen die Burg von allen Seiten am Burgring. In Wolfsegg gibt es auch einige Einkehrmöglichkeiten.

fahren den Berg hinauf in den Wald. Am Ende dieser etwas stärker befahrenen Straße halten wir uns halb links und fahren auf einer mit grünen Fahrradschildern markierten Forststraße durch den Wald.

ZUR BURG WOLFSEGG

Die Straße ist in gutem Zustand, und durch den nicht allzu tiefen Schotter kann sie auch mit dem Fahrrad gut befahren werden. Unser

PFERDE UND KÜHE SÄUMEN DIE STRECKE

Wir folgen der Beschilderung und bleiben auf der Judenberger Straße und biegen dann in die Kolpingstraße ein, wo wir ein „Haus für Kinder" sehen. Die Beschilderung führt uns weiter nach links in Richtung Stetten. Nun geht es auf zu den letzten Höhenmetern. Auf dem Weg dorthin werfen wir noch einen Blick zurück auf die imposante Burg, ihre im Wind flatternde Fahne und die romanische Kirche des Orts Wolfsegg. Unter der Burg grasen viele Pferde auf einer Koppel, und auch Kühe beobachten uns von ihren Weiden.

FLOTTE ABFAHRT ÜBER OEL NACH WALL

In Stetten biegen wir links ab in die Wolfsegger Straße. Hier kann man es – mit der gebotenen Vorsicht – richtig sausen lassen, und weiter geht es in den Weiler Oel und von dort in das Örtchen Wall. Nach Wall biegen wir wieder in den Wald ein und lassen es gemütlich bergab rollen. Der Regen hat so manche Rinne in die Forststraße gemacht, auf die man achten sollte. Jedenfalls ist die Abfahrt nach ❹ Pielenhofen ein Genuss und ein bisschen Stolz macht sich breit über all die zurückgelegten Höhenmeter.

Die Pielenhofener Kirche ist außen und innen beeindruckend.

PIELENHOFEN UND DIE IMPOSANTE KLOSTERKIRCHE (MIT -WIRTSCHAFT)

In Pielenhofen rollen wir ein und kommen schnurstracks an die Naab. Von hier kann man einen Einbaum anschauen und hat auch sofort die imposante Klosterkirche im Blick. Um sie besichtigen zu können, fahren wir über die Naab und an der Klosterwirtschaft vorbei, die vor allem durch liebevoll gestaltete Schilder zu einem Besuch einlädt. Auch der Biergarten mit großer Kastanie ist prachtvoll. Dann fahren wir zurück auf die andere Naabseite und überqueren auch sogleich die sogenannte Freizeitinsel – eine Naabinsel, auf der man im Gras sitzen und grillen kann.

Weite Hügel, Gras, ein einsames Häuschen und irgendwo in der Ferne der Dom. Da kommt ein Gefühl der totalen Ruhe auf.

"Hey, Lotte, lass uns wieder so gucken, als hätten wir noch nie ein Fahrrad gesehen!"

Wohnen und frei sein im Bauwagen

Mit etwas Glück lässt sich die Ziege am Adlersberg ganz friedlich zum Streicheln im Gras nieder.

BADESTELLE DRABAFELS

Weiter führt unser Weg entspannt an der Naab in Richtung Distelhausen. Hier gibt es auch einen großen Campingplatz, den viele Wohnwägen und Wohnmobile nutzen. Der Fahrradweg führt weiter über Deckelstein in einem Bogen. Auf der anderen Seite sehen wir schon die Badestelle Drabafels mit Steg. Nach all den erstrampelten Höhenmetern ist hier ein Bad ein echter Genuss für einen warmen Sommertag. Um dorthin zu gelangen, fahren wir noch etwas weiter und überqueren dann die Naab an der Brücke und fahren direkt rechts ein Stückchen zurück. Nun bleiben wir auf der anderen Naabseite und kommen wieder in hübsche Wälder direkt an der Naab. Der Weg führt uns beschaulich weiter nach Waltenhofen und dann zur Wallfahrtskirche von Mariaort, die man besichtigen kann. Um zurück zur Schiffsanlegestelle zu kommen, fahren wir über die Fußgängerbrücke und folgen dem Radweg an der Naab. Von der Fußgängerbrücke sieht man die originalgetreu nachgebaute Galeere.

LEICHT

33 KM **3** STD

WO DER STEIN (NICHT) WACKELT UND DIE KUH BADET

Strecke:

Regenstauf – Valentinsbad – Wackelstein – Süssenbach – Schloss Spindlhof

Die Regentour kann ganz besonders gemütlich und flach sein, wenn man den Abstecher zum Wackelstein über Forstwege auslässt. Nimmt man allerdings den Umweg für Aussicht und Abenteuer in Kauf, kommt man ganz schön ins Schwitzen.

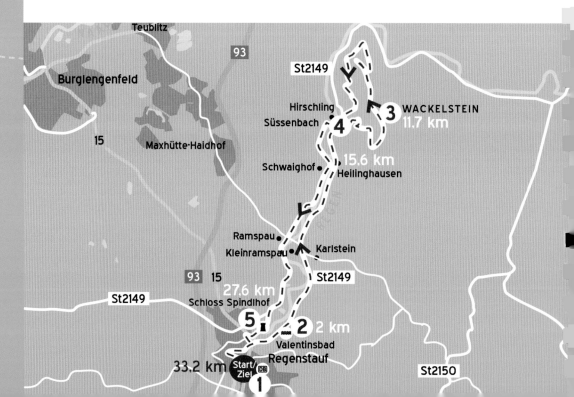

D ie heutige Tour ist sehr variabel. Gerade wer mit Kindern unterwegs ist, kann die Strecke gut in der Länge anpassen. Der Weg ist klar und gut ausgeschildert und man fährt fast nur auf breit ausgebauten, geteerten Fahrradwegen – außer man entscheidet sich für die zehn Kilometer lange, forderndere Rundstrecke zum Wackelstein, die auf einer Forststraße verläuft. Und wer noch länger den Regen genießen will, setzt die Strecke einfach bis Nittenau fort.

Immer wieder kann man schön auf den Regen lugen.

VON REGENSTAUF ZUM SCHÖNEN VALENTINSBAD

Unsere Tour beginnen wir am Bahnhof in ❶ Regenstauf, wo sich einige Parkplätze befinden und eine flotte Zugverbindung nach Regensburg besteht. Natürlich kann man auch mit dem Fahrrad nach Regenstauf einreisen, was – je nach Startpunkt – gut zehn Kilometer am Regen sind. So lässt sich die Tour auch mit der zweiten Tour am Regen verbinden. Regenstauf ist durch ein dann gar nicht mehr

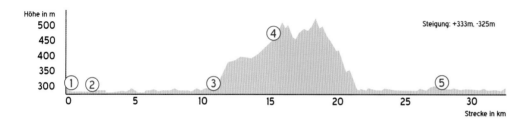

Sehenswertes:

Rotkreuzmuseum
Das Museum lädt zu einem Streifzug durch die Geschichte des Roten Kreuzes ein.
Öffnungszeiten:
Jeden 1. Sonntag im Monat 14:00–17:00 Uhr,
jeden 1. und 3. Dienstag im Monat von 17:00–19:00 Uhr oder nach telefonischer Vereinbarung.
Schwandorfer Straße 2
93128 Regenstauf
Tel.: 0 94 02/44 05
E-Mail: gerhard.hofbauer@brk-regensburg.de

Schlossbergturm
Führungen für Gruppen auf dem Schlossbergturm in Regenstauf sind nach vorheriger Absprache möglich.
Markt Regenstauf
Bahnhofstr. 15
93128 Regenstauf
Tel.: 0 94 02/509-0
E-Mail: tourist@regenstauf.de

LBV-Vogelstation
Die Tour führt direkt vorbei an der LBV-Vogelstation – der größten Einrichtung dieser Art in Bayern. Sie ist nicht nur Pflegestation für einheimische Wildvögel, sondern auch eine überregional bedeutende Umweltbildungseinrichtung. Gruppenführungen gibt es auf Anfrage.
Öffnungszeiten:
Montag – Donnerstag:
09:00–12:30 und
14:00–16:30 Uhr
Freitag: 09:00–13:00 Uhr
Masurenweg 19
93128 Regenstauf
Tel.: 0 94 02/789 95 70
E-Mail: oberpfalz@lbv.de
www.oberpfalz.lbv.de/
startseite.html

Beim Valentinsbad ist nicht nur die Kuh gern im Wasser.

so klein scheinendes Hügelchen von 95 m auffallend, dem sogenannten Schlossberg mit den Resten einer Burganlage aus dem 12. Jahrhundert.
Vom Bahnhof fahren wir unter der Unterführung in Richtung Regen. Hier empfängt uns ein gepflasterter Weg und es lockt auch schon ein erster kleiner Spielplatz. Kurz danach kommen wir am Haus des LBV (Landesbund für Vogelschutz in Bayern) vorbei. Die Eichmühle ist heute eine liebevoll gestaltete Gaststätte. Wir entschließen uns aber, erst noch weiterzufahren bis zum Valentinsbad ❷ in Kleinramspau. Hier kann man im Regen baden, was sicher einen besonderen Höhepunkt der Tour darstellt. Es wurde extra etwas Sandstrand aufgeschüttet und die Liegewiese ist groß und einladend mit Picknickbänken. Nicht nur die Kühe auf der anderen Regenseite dürften ein kleines Bad hier sehr genießen. Im zum Bad gehörigen Restaurant kann man gut und reichlich essen, vor allem die frischen Kuchen sind sehr verlockend.

SCHWÄNE, STIMMUNGSVOLLE BÄUME UND WEISSSTÖRCHE

Derart gestärkt, machen wir uns weiter auf den Weg in Richtung Heilinghausen. Auf dem Weg sehen wir

Wald und Regen machen das perfekte Radleridyll.

Sehenswertes:

Valentinsbad
Öffnungszeiten:
Mai bis September: 6–20 Uhr
Regentalstraße 13,
93128 Regenstauf
Tel.: 0 94 02 / 50 03 37 oder
www.regensburg-bayern.de/
aktivitaeten/baden/flussbad-
valentinsbad

friedlich Schwäne auf dem Regen schwimmen, und auch für den Weißstorch wird in der Gegend einiges getan – das Nest, das wir sehen, ist aber gerade verlassen.

Morsche Bäume spiegeln sich im sehr ruhig dahinfließenden Regen und sorgen für eine besondere, romantische Stimmung auf der Tour. In Heilinghausen angelangt, leuchtet das knallrote,

Essen:

Restaurant „Valentinsbad"
Direkt beim Valentinsbad kann
man weit mehr als einen Imbiss
essen, nämlich im Restaurant
„Valentinsbad" mit schönem
Biergarten.
Tel.: 0 94 02 / 50 03 37
www.valentinsbad.de

Gaststätte Eichmühle
Sehr liebevoll eingerichtete
Wirtschaft.
Öffnungszeiten:
Dienstag bis Freitag: ab 17 Uhr
Samstag: ab 14 Uhr
Sonntag und Feiertage: ab 11 Uhr
Zur Mühle 1
93128 Regenstauf
Tel.: 0 94 02 / 94 84 10
www.eichmühle.de

Kein Wunder, dass dieser Fluss so manchen zum ruhigen Paddeln einlädt!

Da grinst die Autorin, wenn sie die Bergfahrt gut geschafft hat.

schmucke Feuerwehrhaus auf unserer rechten Seite. Wir folgen dem Weg noch ein Stückchen am Regen und leicht bergauf auf einem Fahrradschutzstreifen auf der rechten Seite, der in einen weiteren Radweg nach Süssenbach mündet.

PEILSTEIN MIT FERNSICHT UND WACKELSTEIN

In Süssenbach am kleinen Wanderparkplatz angelangt, sehen wir links ein Schild des Wanderwegs O 46, dem wir folgen. Von hier geht es gleich ordentlich bergauf, und man kann sich freuen, schon die flache Aufwärmübung am Regen hinter sich zu haben. Die Beschaffenheit der Forststraße wird sich von hier nicht mehr groß ändern. Wer also den Schotter auf diesem Weg so gar nicht gerne fährt, ist gut beraten, einfach am Regen weiterzufahren. Das Nette an dieser Bergtour ist, dass man nach fünf anstrengenden Kilometern gemütlich bergab rollen kann. Wer im kleinsten Gang bergauf fährt und ein bisschen Kondition mitbringt, dürfte die Runde gut schaffen. Der Punkt, an dem es

Hirschling ist unerwartet prachtvoll anzusehen.

dann nur noch bergab geht, ist bei der Hauptsehenswürdigkeit, dem Wackelstein, erreicht. Unser Weg führt uns aber zuerst zum Peilstein, einem sehr schönen Aussichtspunkt, von dem man sogar auf den Steinberger See blicken kann. Die Abzweigung zum Peilstein finden wir anhand eines Schildes, das auch in Richtung Marienthal zeigt und von einem Pavillion mitten im Wald abführt. Wer mit dem Trekkingrad unterwegs ist, tut gut daran, das Rad abzustellen und die letzten Meter auf dem schmaleren und teils mit Steinen durchsetzten Weg zu Fuß zurückzulegen. Ein Schild mit roten Pfeilen weist den weiteren Weg zum ❸ Wackelstein, bei dem wir nach kurzer Zeit angelangt sind. Der Stein soll durch einen normalkräftigen Mann ins Wackeln versetzt werden können. Er ist gut durch ein Holzschild beschildert, direkt rechts

am Weg. Hier finden sich mehrere größere Felsen, aber nur einer hat eine Eisenkette, mit der man ihn bewegen können soll. Das ist uns leider auch mit viel Anstrengung zu zweit – einer ein kräftiger Mann – nicht geglückt. Aber wer weiß, vielleicht sind andere Radler hier erfolgreicher.

FREUDENSCHAUKELN IM TAL

Wir folgen weiter der breiten Forststraße und halten uns bergab rechts, wenn wir an zwei Abzweigungen kommen. Kleine Wege lassen wir auf dieser Route links liegen, die Forststraße weist uns den Weg. Kurz vor dem Wanderparkplatz, an dem wir die Bergtour angefangen haben, hat sich jemand die Mühe gemacht, Schaukeln in einen großen Baum zu hängen, auf denen man mit großem Hallo nach unten sausen kann. Ein echter Spaß für Mutige!

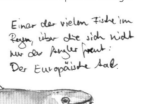

Einer der vielen Fische im Regen, über die sich nicht nur der Angler freut: Der Europäische Aal.

Eine tolle Überraschung, wenn man auch noch so abenteuerlich schaukeln kann!

MISCHWÄLDER UND WASSERVÖGEL GRÜSSEN

Am Parkplatz Süssenbach ❹ angelangt, fahren wir ein paar hundert Meter zurück auf

Schloss Spindlhof präsentiert sich majestätisch.

wieder immer am Regen, der jetzt auf unserer linken Seite liegt. Grüne Fahrradschilder weisen uns den Weg. Auf dieser Regenseite haben wir zwar keinen Fahrradweg, aber es ist wenig Verkehr, und wir kommen durch kleine Mischwaldstücke und an Seen vorbei, wo wir Schwäne und Haubentaucher beobachten können. In Ramspau haben sie sogar ein Bierzelt aufgebaut, zu dem einige aus den umliegenden Dörfern in Lederhose zu pilgern scheinen. Vor Diesenbach, gerade als wir wieder auf einem breiten Fahrradweg sind, führt ein grüner Radpfeil nach links.

ÜBER DAS SCHÖNE SCHLOSS SPINDLHOF ZURÜCK

Folgen wir der Beschilderung, fahren wir schon kurze Zeit später am beeindruckenden und herrlich umwachsenen ❺ Schloss Spindlhof vorbei. Von hier folgen wir der Straße und überqueren bei der nächsten Brücke, die bereits im Ort Regenstauf ist, den Regen. Direkt nach der Brücke biegen wir rechts ab und fahren auf dem bekannten Weg zurück in Richtung Bahnhof und Auto.

dem Fahrradweg auf der linken Seite. Hier findet sich auch ein Schild, das einem Angler den Platz reservieren soll. „Reserviert für Helmut Woppmann – damit er auch Waller fängt" steht da. Wir biegen direkt vor dem Bushäuschen auf der rechten Seite ab in einen kleinen Weg, der uns direkt auf eine Brücke über den Regen führt. Hier kann man an einem schönen Tag auch so manchen Paddler beobachten. Nun halten wir uns

HAUFEN, DER VORWALD UND DER WUNDERVOLLE REGEN

MITTEL

33	2
KM	STD

Strecke:

Jägerberg – Wenzenbach – Hauzenstein – Regenstauf – Regendorf

Die Tour nach Regenstauf führt nicht nur entlang des Regens, sondern hat auch Stück Berg und Wald zu bieten und ist damit abwechslungsreich und auch mal schattig.

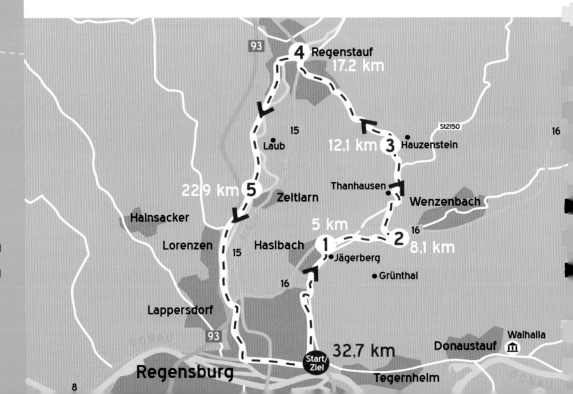

80

iese Tour bietet direkt von Regensburg aus einen kleinen Blick in den Vorwald mit moderater Steigung und viel Genussfaktor. Eine Etappe führt an einer Straße ohne Radweg entlang, so dass gerade kleinere Kinder hier nicht so gut aufgehoben sind. Zudem ist in diesem Stück auch die größte Steigung (von Fußenberg nach Regenstauf). Als Alternative bietet sich an, von Gonnersdorf aus auf den Radweg R2 in Richtung Zeitlarn zu fahren und von dort weiter am Regen.

In der Konradsiedlung lässt es sich Wilder Wein gut gehen.

AUF DEM FALKENSTEINRADWEG

Wir starten am Parkplatz der Donau-Arena. Hier gibt es normalerweise massig Platz, es kann nur sein, dass ein paar Fahrschüler mit Motorrädern unterwegs sind an den Plätzen, die am nächsten zur

Donau-Arena sind. Wir fahren von hier in Richtung Donau-Arena und biegen dann links ab, um entlang des Bahngleises direkt auf unseren Radweg zu kommen. Wir folgen ab hier den Schildern des Radwegs R1, dem Falkensteinradweg. Vorbei geht

Strecke:

Die Tour eignet sich auch bestens, um mit der anderen Regentour verbunden zu werden. Vielleicht bietet es sich dann an, die kleine Bergstrecke auszulassen und näher am Regen zu bleiben.
Die Tour wurde wieder ein wenig nach dem Prinzip „Erst die Arbeit ..." gefahren. Wie alle Rundtouren lässt sie sich auch von hinten aufzäumen, allerdings hat man dann eher nach der Mitte einen Berg zu befahren, so kann man am Regen gemütlich ausrollen.

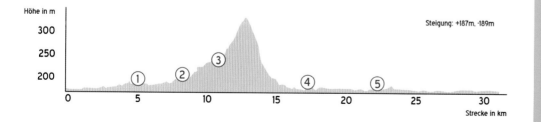

Höhe in m

300

250

200

① ② ③ ④ ⑤

Steigung: +187m, -189m

0   5   10   15   20   25   30

Strecke in km

Sehenswertes:

Der Regen hat auch einen sehr guten Ruf als **Bootswanderfluss**, auf ihm kann man vom Bayerischen Wald bis zur Donau fahren. Er wird mittlerweile außerdem gern von Leuten auf dem Standup Paddle Board (SUP) genutzt. Vielleicht fühlt sich auch der ein oder andere Radler motiviert, diesen Sport mal auszuprobieren.

Der Regen ist ca. 165 km lang. Erst beim Zusammenfluss von Schwarzem und Weißem Regen wird der Fluss offiziell bis zur Mündung in die Donau bei Regensburg nur noch als Regen bezeichnet. Genauere Infos finden sich auch unter www.bayerischer-wald.de

Viele Bäume in sattem Grün und Blicke in den Vorwald gibt es auf dieser Tour.

es am Gewerbepark, wo man freilich die Möglichkeit hat, sich noch mit einem Happen zu stärken. Dann fahren wir links entlang der Konradsiedlung. Rechts ist eine Lärmschutzwand, die mit großen, schönen Blättern vom Wilden Wein bewachsen ist, links sehen wir schöne große Bäume.

DIE GEGEND DER GROSSEN HAUFEN

Wir fahren an der Haltestelle Wutzlhofen vorbei und weiter den R1 Schildern nach Richtung ❶ Wenzenbach. Hier wird es schon industrieller, irgendwie scheint einiges hier in Haufen aufzutreten: Immer wieder sehe ich einen Schrottplatz mit aufeinander gestapelten Autos, auch Holz wird in großen Mengen in dieser Gegend aufgestapelt und genauso gibt es einen großen Metallschrotthaufen. In dieser Ballung ist all das gar nicht häufig zu sehen.

JÄGERBERG IN VORSTADTIDYLLE

In Jägerberg ❷ biegen wir – weiter der R1-Beschilderung folgend – nach links ab und kommen auf einen sehr schönen und gut radelbaren Kiesradweg. So mancher ist hier mit seinem Hund unterwegs, und man bekommt den Eindruck bester Vorstadtidylle. Wer mit dem Rennrad unterwegs ist und den Kies meiden mag, kann auch geradeaus direkt weiter nach Gonnersdorf fahren. Unser Kiesweg ist mit schönen Bäumen begrenzt und führt

So ein Glück, dass es immer wieder Bienenweiden mit so schönen Sonnenblumen gibt!

uns nach Irlbach. Kurz nach dem Ortsausgang wechselt der Radweg von der linken auf die rechte Straßenseite, wir folgen ihm kurz, biegen dann aber wieder im Neunziggradwinkel nach links ab in Richtung Fußenberg. Nun geht es ein kleines bisschen bergauf, und wir haben unsere Freude an den meist neuen Häusern und den gepflegten Gärten des Orts. Sobald unsere Straße endet, biegen wir nach rechts ab und sehen hier rechts einen Reithof. Wir folgen der Straße und der Beschilderung in Richtung Kürn.

Essen:

El Greco
Griechisches Essen in Regenstauf.
Öffnungszeiten:
Montag bis Samstag:
17:30–01:00 Uhr
Sonn- und Feiertage:
11:00–14:00 Uhr
17:30–01:00 Uhr
(Kein Ruhetag)
Schwandorfer Str. 1
93128 Regenstauf
Tel.: 0 94 02 / 66 68
www.elgreco-regenstauf.de

Eichmühle Gaststätte
Die Eichmühle ist 500 Jahre alt, das Essen des Restaurants wechselt saisonorientiert und bezeichnet sich als europäisch-mediterran.
Öffnungszeiten:
Dienstag bis Freitag: ab 17 Uhr
Samstag: ab 14 Uhr
Sonntag u. Feiertage: ab 11 Uhr
Zur Mühle 1A
93128 Regenstauf
Tel.: 0 94 02 / 94 84 10
www.eichmuehle.de

Essen:

Gasthof Metzgerwirt
Gasthaus mit großem Biergarten
Öffnungszeiten:
Montag bis Mittwoch:
ab 16:00 Uhr
Donnerstag bis Samstag:
ab 10:00 Uhr
Sonntag: ab 09:00 Uhr
Hauptstr. 31
93128 Regenstauf
Tel.: 0 94 02 / 67 90 oder 86 92
www.metzgerwirt.de

Restaurant Pielmühle
Restaurant und Pizzeria Pielmühle
bietet auch glutenfreies und
veganes Essen, Muscheln und
trockengereiftes Fleisch an.
Öffnungszeiten:
Mittwoch bis Sonntag:
17:00–23:00 Uhr
Sonn- und Feiertage zusätzlich
11:30–14:00 Uhr
Montag und Dienstag Ruhetag
Regendorferstr. 24
93138 Pielmühle
Tel.: 09 41 / 8 37 84
www.restaurant-pielmuehle.de

So viel schöne Herbstfarben machen die
Bergfahrt gleich leichter.

TIEF LUFT HOLEN FÜR DIE BERGFAHRT

Nun kommt unsere Hauptsteigungsetappe, die
stetig, aber nicht besonders anstrengend ist.
Nachdem wir Thanhausen durchfahren haben, geht
es weiter auf der gut befahrenen Landstraße. An der
nächsten Abzweigung halten wir uns links in
Richtung ❸ Hauzenstein. Am Wegesrand sehen wir
rechts bei Hauzenstein ein Marterl für einen, der mit
25 Jahren ums Leben gekommen ist. Es ist immer
wieder Gelegenheit, eine kleine Gedenkminute für
solche Unfälle einzulegen und dabei daran zu
denken, selbst mit Bedacht zu fahren. So schnell
kann das Leben vorbei sein. Weiter strampeln wir
den Berg hinauf und haben immer wieder ein
bisschen Fernsicht.

DURCH EINEN SCHÖNEN LÄRCHENWALD UND MIT KARACHO WIEDER BERGAB

Bald kommen wir in einen Wald, der überwiegend
Lärchen hat. Vielleicht hört der ein oder andere, wie
der Wind anders durch die Lärchen als durch die
sonst so verbreiteten Fichten rauscht. Auch sind die
Bäume lichter, und die Sonnenstrahlen blitzen
überall ein bisschen durch. Bei den Lärchen

Die Kapelle von Thanhausen

angekommen, geht es nun mit großem Hallo den Berg wieder hinunter. Mein Tacho zeigt bis zu 47 Stundenkilometer, was sich für eher gemütlich fahrende Menschen wie mich schon mächtig flott anfühlt.

DER RUHIGE BEGLEITER REGEN

Wir kommen aus dem Wald und direkt zum Ortsschild von ❹ Regenstauf. Hier folgen wir

nicht mehr der Vorfahrtsstraße nach links den Berg hinunter, sondern fahren direkt durchs Wohnviertel. Das Schöne ist, dass wir gar nicht treten müssen und ein Vorgarten nach dem anderen wie in einer Trailershow an uns vorbeizieht. Aber Vorsicht: Hier ist die ein oder andere Bodenschwelle, die wohl mehr die Autos als die Radler ausbremsen soll. Diese Straße führt uns auch vorbei am Marktplatz und an einigen Gasthäusern, die zu einer Einkehr einladen.

ZUM REGEN, DER WIE AUF EINEM GEMÄLDE DALIEGT

Schon bald erreichen wir den Regen, wo wir nicht über die Brücke fahren, sondern direkt nach links weiter. Wir fahren beim LBV auf den Parkplatz und auf einen kleinen Weg nach rechts, vorbei an einem netten kleinen Spielplatz und über Platten zurück zum Regen. Links von uns ist ein großzügig angelegter Fußballplatz, und einige Leute spielen dort und lassen Drachen steigen. Wir fahren nach rechts über die Brücke auf die andere Regenseite, und dort gleich wieder

links folgen wir hier immer geradeaus dem Regentalradweg in Richtung Regensburg. Nicht immer ist der Regen hier sichtbar, und oft erscheint die weiträumige Landschaft mit ihren Bäumen und Wiesen hier wie auf einem Gemälde der Niederländer.

Auch von der Wolke aus muss der Regen einen guten Eindruck machen.

Weit und still liegt der Regen da, und es gibt so viele schöne Orte, um sich eine Pause zu gönnen.

Hier kann man mit dem Boot im Regen rutschen und sich am sprudelnden Wassser und der tollen Sicht freuen.

Flussbad, wenn Abkühlung Not tun sollte. An Zeitlarn fahren wir vorbei und erhaschen einen großartigen Blick auf die dortige Kirche.

BOOTFAHREN, BADEN IM FLUSS, SKATEN UND SPIELEN

Nach Zeitlarn gibt es auch ein weiteres Flussbad und eine Bootsrutsche, wo die Möglichkeiten des Bootfahrens am Regen auf einer Tafel gut erläutert sind. Auch die Fische des Regens sind hier auf einigen Tafeln schön beschrieben. Wir fahren weiter geradeaus, vorbei an einem Skaterpark und einem Spielplatz mit tollem Klettergerüst – Gelegenheiten zum Austoben und Picknicken gibt es am Regen so einige.

EINROLLEN NACH REGENSBURG

Von hier rollen wir nach Regensburg und überqueren den Regen in Richtung Osten und damit zur Donau-Arena. Hier fahren wir einfach immer geradeaus auf dem Radweg der Walhalla Allee und langen schließlich an der Donau-Arena nach gut 30 Kilometern an.

FLACHES STÜCK UND TOLLER BLICK AUF DIE ZEITLARNER KIRCHE

Immer wieder kommen wir auch an den Regen, und es geht sehr flach auf dem gut ausgebauten Radweg dahin, der auch von einigen anderen Radlern genutzt wird. Wir fahren durch Edlhausen und weiter nach ❺ Regendorf. Hier bleiben wir auf unserer Regenseite, auf der anderen aber lockt ein

LEICHT

32 KM **3** STD

STRAUBING UND DIE WEITEN DES GÄUBODENS

Strecke:

Straubing Am Hagen – St. Peter, Straubing – Aiterhofen mit Kloster – Wolferkofen – Kirchmatting – Aitrachauen bei Geltolfing

Die Strecke ist eine echte Gäubodenstrecke und daher durchgängig flach. Das einzige, was uns hier ausbremsen kann, ist der Wind, der doch immer wieder über die Felder bläst.

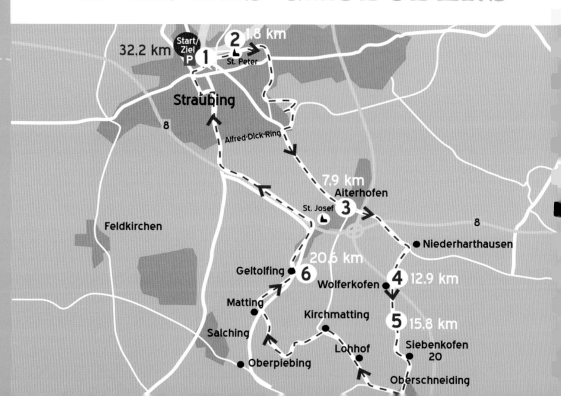

32,2 km

Start/Ziel **P** **1**

1,8 km

2 St. Peter

Straubing

8

Alfred-Dick-Ring

7,9 km

Aiterhofen

St. Josef **3**

8

Feldkirchen

● **Niederharthausen**

Geltolfing **6** 20,6 km

Wolferkofen **4** 12,9 km

Matting

Kirchmatting

5 15,8 km

Salching

Lohhof

● **Siebenkofen**
20

● **Oberpiebing**

Oberschneiding

nsere Tour beginnen wir am kostenfreien, großen und gut ausgeschilderten Parkplatz „Am Hagen" ❶ in Straubing Zentrum. Natürlich kann man nach Straubing auch mit dem Zug anreisen und dann mit dem Rad einfach geradeaus zur Schlossbrücke fahren. Jeder Straubinger kann einem den Weg zum Parkplatz „Am Hagen" weisen, sollte wirklich einmal kein Schild zu sehen sein. Von hier orientieren wir uns östlich, vorbei an „Das Karmeliten Wirtshaus". Bald sehen wir die Donau und den Salzstadl vor uns, der heute die Stadtbücherei beherbergt. An der Donau führt ein Fahrradweg weiter in Richtung Osten. Nach einem festgemachten Steg finden wir auf der rechten Seite einen Weg, der uns zurück zur Straße entlang der Donau führt. Wir haben von hier einen schönen Blick auf die romanischen Türme von ❷ St. Peter (errichtet um

Um St. Peter findet sich ein besonders verwunschener Friedhof.

1200), auf die wir direkt zuradeln. Um St. Peter findet sich ein besonders verwunschener Friedhof mit schiefen Kreuzen und solchen, die in knorrige, alte Bäume eingewachsen sind. Die Legende besagt,

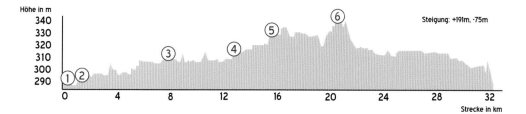

Sehenswertes:

Gäubodenmuseum
Seit 1845 kann man hier Ausstellungen zu Straubings Stadtgeschichte und einige Ausgrabungen wie den Römerschatz sehen.
Öffnungszeiten:
Dienstag bis Sonntag: 10–16 Uhr
Fraunhoferstraße 23
94315 Straubing
Tel.: 0 94 21/ 97 41-10
gaeubodenmuseum@straubing.de

Basilika St. Jakob
Die größte und berühmteste Kirche Straubings ist die spätgotische Basilika St. Jakob. Besondere Beachtung verdient der Glasfensterzyklus, darunter das „Moses-Fenster" nach einem Entwurf von Albrecht Dürer.

Essen:

Wirtshaus zum Geiss
Die Wirtschaft hat einen liebevoll
gestalteten Biergarten und leckere,
wechselnde bayerische Gerichte.
Auch für Vegetarier gibt es eine
feine Auswahl.
Öffnungszeiten:
Dienstag bis Freitag
11:00–14:30 Uhr und
17:00–22:00 Uhr
Samstag und Sonntag
ab 11:00 Uhr durchgehend
oder nach Vereinbarung
Theresienplatz 49
94315 Straubing
Tel.: 0 94 21/30 09 37
www.zumgeiss-straubing.de

Unser Weg führt uns ein Stück weit direkt an der Donau entlang, wo wir schöne Blicke aufs ruhig dahinfließende Wasser haben.

dass ein Grabstein mit einem Engel so verziert
wurde, dass dessen Gesäß in Richtung des Grab-
steins des vormalig verhassten Nachbarns zeigt. Der
Engel ist noch gut erhalten und erkennbar. Der
Besuch lohnt jedenfalls nicht nur für Fotografen und
Friedhofsliebhaber.

ZEIT FÜR EINE KNUSPERBREZE UND EINEN SCHÖNEN SPIELPLATZ

Von St. Peter fahren wir wieder zurück zur Uferstra-
ße, bis wir rechts das Klinikum sehen. Hier biegen
wir in die St. Elisabeth Straße ein, die später zur

Amselstraße wird. Wir fahren über zwei Ampeln und genießen gegebenenfalls eine knusprige Breze bei der Bäckerei Schifferl auf der rechten Seite. Weiter fahren wir über die Eisenbahnbrücke immer geradeaus, bis wir links ein großes Gewächshaus sehen. Hier biegen wir nach links ein in die Fichtenstraße, die rechts in einen Feldweg mündet, der uns erstmals ein Gefühl für den Gäuboden mit seinen vielen Weizen-, Kartoffel- und Rübenfeldern gibt. Wir verfolgen diesen Weg, ohne abzubiegen, und erhaschen nach einer Biegung des Weges schon den ersten Blick auf junge Toskanahaussiedlungen, die in der Gegend sehr beliebt sind. Sobald wir auf eine Teerstraße treffen, biegen wir links ab in Richtung Alfred-Dick-Ring, an dem entlang wir hinter einem bunt bewachsenen Erdhügel auf einem Fahrradweg locker dahinrollen. Rechts stoßen wir schon bald auf einen schönen Spielplatz mit Balanciermöglichkeiten, Schaukel und Rutsche, wo man auch auf einer Bank ein kleines Picknick abhalten kann, bevor wir

Der Stadtturm ist Straubings Wahrzeichen.

Essen:

La Conchiglia
Ein Italiener mit ganz besonders urigem Flair und besonders leckeren, vom Chef selbst empfohlenen Tagesgerichten.
Öffnungszeiten:
Montag bis Sonntag:
11:30–14:30 Uhr und
17:30–23:30 Uhr
Rot-Kreuz-Platz 5
94315 Straubing
Tel.: 0 94 21/8 15 05

Café und Konditorei Krönner
Für süße Leckermäuler ist die Agnes-Bernauer-Torte ein besonderer Genuss. Mandel, Nuss, Sahne und Baiser sorgen dafür, dass die Fahrradtour garantiert kein Kaloriendefizit hinterlässt.
Öffnungszeiten:
Mo. bis Fr.: 8:30–18:00 Uhr
Samstag: 8:30–17:00 Uhr
Theresienplatz 1
94315 Straubing
Tel.: 0 94 21/1 09 94
www.kroenner.de

über die Felder des Gäubodens fahren. Der Fahrradweg stößt direkt auf einen Kreisverkehr, dessen zweite Ausfahrt wir in Richtung Aiterhofen ❸ nehmen. Hier haben wir die Weite des Gäubodens fest im Blick. Und vielleicht macht etwas Gegenwind die flache Tour etwas sportlicher. Zur Erdbeerzeit lohnt ein Halt kurz vor Aiterhofen mit einem großen Erdbeerfeld auf der rechten Seite beim Ortsschild.

STIPPVISITE IM KLOSTER

Die Gäubodengemeinde wird optisch bestimmt vom Kirchturm des Franziskanerinnenklosters, das hier auf einem Hügel liegt. Das Kloster ist weithin bekannt für seine Paramenten- und Fahnenstickerei. Eine kurze Besichtigung von Kirche und Friedhof ist möglich, wenn wir am Kreisverkehr rechts abbiegen. Hier finden wir auch Informationstafeln über die Gemeinde Aiterhofen. Direkt am Kreisverkehr ist der Gasthof Murrer mit besonders fein zubereiteten Speisen. Der Gasthof hat sich der Genießerkultur von Slow Food verschrieben und legt besonderen Wert

Ein bisschen versteckt ist die rostige LUST in einem Garten auf der rechten Seite, kurz nach dem Ortseingang nach Wolferkofen.

auf regionale Küche. Wir überqueren eine kleine Brücke über die Aitrach, die sich hier in ihrem renaturierten Bett dahinschlängelt. Hier tummeln sich einige Enten – je nach Jahreszeit ist hier munteres Schnattern mit den Entenjungen. Wir folgen weiter der

Tatsächlich sieht man in der Region immer mal wieder eine Pferdekutsche zur Spazierfahrt.

Ein kleiner Spielplatz lädt zu einer weiteren Rast ein. Von Niederharthausen erreichen wir ❹ Wolferkofen. Hier kommt mir ein Pferdewagen mit stolz thronendem Hündchen entgegen, und ein Hausbesitzer auf der rechten Straßenseite hat in riesigen Lettern aus rostigem Metall das Wort „Lust" in seinen Garten gestellt. So frisch ermuntert zum Spaß am Radeln geht es weiter in den kleinen Weiler Siebenkofen. Von hier ist es nicht mehr weit nach Oberschneiding mit seinem charakteristischen ehemaligen Lagerturm, der heute Büros beherbergt. In Oberschneiding sehen wir rechts noch die Lettern des ehemaligen Gemischtwarenladens von Hans Lecker. Kurz danach biegen wir rechts ab in Richtung Riedling.

KOIKARPFEN UND DAMWILD, DAS AUS DER HAND FRISST

Nach einem kleinen Anstieg sehen wir den vermutlich gepflegtesten japanischen Garten

Hauptstraße und fahren unter der Autobrücke hindurch, immer dem Ortsschild in Richtung Niederharthausen nach. Auch hier ist wieder viel Weite über den Gäuboden angesagt. In Niederharthausen orientieren wir uns rechts am Schild nach Oberschneiding.

Oberschneiding hat diesen spektakulären, bis ins Detail gepflegten japanischen Garten.

Strecke nach Oberpiebing sehen wir rechts die Wallfahrtskirche Maria Birnbaum, die tagsüber geöffnet ist. Hier findet sich ein Buch mit sehr unterschiedlichen Bitten und Gebeten an Maria und eine Vitrine mit kleinen, kunstfertig nachgebauten Gliedmaßen, deren Heilung durch das Gebet in der Kirche zustande gekommen sein soll. Kurz nach der Kirche biegen wir rechts ab in Richtung Matting. Am Ende der Straße biegen wir wieder nach rechts ab und haben einen großartigen Blick in Richtung Straubing und bis zum Bogenberg. Auf unserer Abfahrt passieren wir den kleinen Ort Kienoden und fahren auch über die Aitrach vorbei an einem kleinen Weiher links. Kurz bevor wir auf eine größere Landstraße stoßen, biegen wir rechts in einen Weg ab an einem Schild, das Autos die Durchfahrt verwehrt.

- -

RENATURIERTE AITRACHAUEN MIT OBSTBÄUMEN

Von hier können wir Obstbäume bewundern, die hier zur Renaturierung gepflanzt wurden. Informationstafeln auf dem Weg erläutern,

weit und breit mit einem Teich mit vielen Koikarpfen. Hier lohnt es sicher, kurz anzuhalten und all die Arbeit zu bewundern, die in dieses Anwesen fließt. Mit Schwung rollen wir dann weiter bergab in den kleinen Ort Meindling, der sich als Mittelpunkt Europas sieht und das mit einigen Schildern

kund tut. Hier biegen wir rechts ab in Richtung ❺ Kirchmatting. Beim Ortseingang Kirchmatting finden wir auf der rechten Seite ein Gehege mit Damwild. Die Tiere fressen Löwenzahn und Gras aus der Hand. In Kirchmatting biegen wir die erste Straße links ab in Richtung Oberpiebing. Auf halber

welche Tiere in diesem Gebiet der Aitrachauen Schutz und Lebensraum finden. Der Feldweg stößt schließlich wieder auf eine Straße – hier biegen wir links ab nach Geltolfing und folgen der Hauptstraße. Hier haben wir bereits Blick auf die Kirche und folgen, sobald die Straße einen Knick macht, nicht mehr der Vorfahrtsstraße, sondern fahren geradeaus weiter in Richtung Kirche. Nach der Kirche sehen wir auch das alte Schloss. In einer Linkskurve stoßen wir wieder auf die Hauptstraße, der wir weiter in Richtung Aiterhofen über die Autobrücke folgen. Direkt nach der Brücke zweigt der sogenannte Rennweg parallel zur B8 ab. Geschützt vor Wind und Autolärm fahren wir hier in Richtung Straubing. Am Ende des Rennwegs fahren wir nach rechts, immer geradeaus auf Fahrradschutzstreifen und -wegen, die leider oft zugeparkt sind. An einer Ampel kurz vor der Bahnunterführung fahren wir beim Schild in Richtung Bad Aquatherm nach links und von dort immer geradeaus, bis wir rechts in die Gabelsberger Straße einbiegen. Bei der Autoeinhausung schieben wir auf die linke Straßenseite, wo der Fahrradweg weiter in Richtung Zentrum führt

und wir beim Theresiencenter, Straubings Einkaufszentrum, herauskommen.

- -

STRAUBING MIT STADTTURM UND EINKAUFSMEILE

Einige Meter weiter können wir rechts abbiegen und sehen bereits das Wahrzeichen Straubings vor uns: den Stadtturm samt

Stadtplatz. Hier haben wir uns einen kleinen Bummel durch die Haupteinkaufsmeile und ein Eis verdient. Einige Stühle laden zum Draußensitzen ein. Um wieder zum nahe gelegenen Großparkplatz „Am Hagen" zu gelangen, schieben wir unser Rad zurück in Richtung Theresiencenter und rollen dann entspannt nach rechts den Berg hinunter zum Parkplatz.

… und nach dem Radeln gibts ein gesundes Abendessen!

LEICHT

35 KM **3½** STD

RADELN ODER SCHWIMMEN –
VIER SEEN IN EINER TOUR

Strecke:

Steinberger See – Knappensee –
Grafenricht – Murner See

Die Strecke ist um die Seen sehr
leicht, auf dem Verbindungsstück,
das durch den Wald führt, ist der
Weg unbefestigt, und es geht zum
Wald hin nur kurz, aber ganz
schön bergauf.

Zahlreiche Informationen zur
Umgebung und den Seen gibt es
unter: www.vg-wackersdorf.de

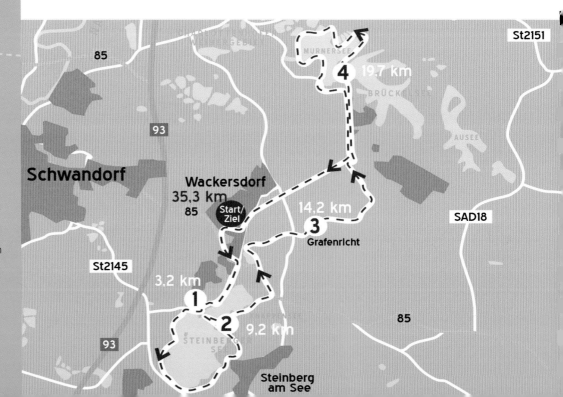

St2151

MURNERSEE

4 19,7 km

BRÜCKELSEE

85

93

AUSEE

Schwandorf

Wackersdorf
35,3 km
85

Start/
Ziel

14,2 km

SAD18

3
Grafenricht

St2145

3,2 km

1

2

9,2 km

93

STEINBERGER
SEE

85

Steinberg
am See

Die Wege um die Seen sind gut ausgeschildert.

Diese Tour führt uns zu vier Seen des Oberpfälzer Seenlands, dem Steinberger See, dem Knappensee, dem Brückelsee und dem Murner See. Vor allem der Murner See strahlt eine unglaubliche Ruhe aus, so dass man sofort das Gefühl hat, im Urlaub zu sein.

ALLES EIN BISSCHEN RUHIGER

Schon auf der Autofahrt von Regensburg schmücken viele herbstbunte Bäume die Autobahn, und irgendwie wirkt hier alles etwas weniger gestresst. Unsere heutige Tour starten wir am Rathaus in Wackersdorf. Hier ist auch gleich ein schöner Parkplatz und eine Informationstafel zur Vier-Seen-Tour, der wir, fast genau wie auf der Karte eingezeichnet, folgen werden. Die grünen Schilder für den Fahrradweg sind mit 4S bezeichnet, und es sind viele gut erkennbar angebracht. Der Weg ist auch als Wanderweg geeignet, daher stehen auch immer wieder Wanderschilder am Weg, wir können also auch den roten Einsern folgen, die den Weg markieren.

Sehenswertes:

Felsenkeller Schwandorf
Im nahe gelegenen Schwandorf ist der Felsenkeller sehenswert. Eine telefonische Anmeldung ist für den Besuch erforderlich.
Tel.: 0 94 31 / 4 51 24
www.oberpfaelzer-seenland.de/verzeichnis/objekt.php?mandat=97111

Murner See
Highlight am Murner See ist das Theatron, eine natürliche grüne Veranstaltungsfläche; gebaut wie ein Amphitheater fallen Steinterrassen sanft zum Seeufer hin ab. Der feine weiße Sandstrand und die Palmen lassen fast schon Karibikfeeling aufkommen. So kann man den Sonnenuntergang in all seiner Pracht erleben.

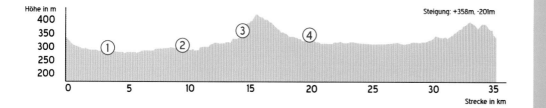

Erlebnispark
„Wasser – Fisch – Natur"
Den außergewöhnlich schönen
und interessanten Erlebnispark
sollte man unbedingt besuchen.
Öffnungszeiten:
Mai – September: 8 – 20 Uhr
Oktober: 8 – 18 Uhr
Holzhauser Straße
92442 Wackersdorf
www.vg-wackersdorf.de/Wackersdorf/Tourismus/Aktiv_sein/Erlebnispark_Wasser_Fisch_Natur/

WildWakeSki
Hier kann man auch ein SUP zum
Paddeln leihen oder eine Runde
Wakeboard fahren.
Geöffnet mit dem Wakeskibetrieb
von März bis Oktober, näheres auf
der Homepage.
In der Oder 1
92449 Steinberg am See
Tel.: 0 94 31 / 79 03 80
www.wildwakeski.de

Wo die Segelboote gemütlich im Steinberger See schaukeln, kommt richtiges Urlaubsfeeling auf.

STEINBERGER SEE UND DER MUSEUMSLEHRPFAD ZUR BRAUNKOHLE

Vom Rathaus fahren wir bergab an der Kirche
vorbei in Richtung ❶ Steinberger See, nach zirka
zwei Kilometern erreichen wir eine Unterführung
unter der B85 und fahren hier geradeaus durch.
Nach einigen Metern überqueren wir die Straße und
sind direkt im Museumslehrpfad, der uns über den
Braunkohleabbau im Oberpfälzer Seenland mit
riesigen Schaufelrädern und einem alten Zug
informiert und wirklich beeindruckend ist. Der Pfad
ist jederzeit frei zugänglich.

WAKESKIANLAGE UND SEGELBOOTE

Von hier führt uns der Weg direkt rechts vorbei am
❷ Knappensee. Durch lichte, kleine Bäume
gelangen wir zum Damm zwischen Knappensee und
Steinberger See. Nach der großen Infotafel biegen
wir rechts ab und umfahren von hier aus den See.
Schon nach kurzer Zeit sehen wir die Wakeskianlage
„WildWakeSki". Wir kommen am Wakeski vorbei,
auch hier kann man einen Imbiss essen, allerdings
außerhalb der Sommersaison oft nicht oder nur am
Wochenende. Wenn hier im Sommer richtig was los

Im Gras liegend kann man richtig weit über den Steinberger See schauen.

Essen:

Rathausstube
In der Rathausstube in Wackersdorf kann man einkehren,
allerdings oft erst ab 17 Uhr.
Marktplatz 4
92442 Wackersdorf
Tel.: 0 94 31 / 5 16 82
E-Mail: rathausstube@t-online.de
www.rathausstube.de

Gaststätte Seeblick
Hier kann man bei schönem
Wetter draußen sitzen und direkt
auf die Boote der Segelschule
schauen.
Öffnungszeiten:
Mittwoch bis Freitag: ab 14 Uhr
Samstag, Sonntag und Feiertage:
ab 11 Uhr
Montag und Dienstag Ruhetag
Tel.: 0 94 31 / 5 62 95
www.segelschule-steinberg.de

ist, macht es Spaß, den Könnern dabei zuzuschauen, wie sie elegant über die Hindernisse hüpfen und fast noch mehr Spaß macht es, zu beobachten, wie so mancher ins Wasser platscht und lachend wieder auftaucht. Unser Weg am See entlang ist locker zu erradeln. Nach kurzer Zeit kommen wir an der Segelschule und der sehr einladend gestalteten Gaststätte „Seeblick" vorbei. Hier schaukelt so manches Bötchen friedlich vor sich hin, und man hat einen tollen Blick über den See und zu den Inselchen im See.

STEINBERG AM SEE

Weiter führt uns der Weg an den Rand des Örtchens Steinberg am See, wo man an ein paar neu gebauten Häusern vorbeikommt. Hier finden sich auch wieder einige Infotafeln zu Braunkohleabbau und Energiefragen. Wir fahren weiter und kommen an MovinGround vorbei, wo gerade die Kinder mit Trampolin-springen und anderen Actionsachen Spaß haben können. Kurz später erreichen wir wieder den Damm und biegen hier direkt rechts ab und fahren im Wald am Knappensee entlang auf einem Schotterweg. Hier kommen wir auch an der „Mooreiche" vorbei, einer alten Eiche, die hier gefunden wurde und nun ausgestellt wird. Unser Weg führt uns zum Wackersdorfer Weiher, der unsere Tour eigentlich zu einer Fünfseentour macht. Auch hier fahren wir wieder durch lichten Wald auf einer gut ausgeschilderten Strecke.

Am Murner See flaniert so mancher Urlauber und Hundebesitzer entlang.

STEIGUNG NACH GRAFENRICHT UND EIN IDYLLISCHER WALD

In Richtung Grafenricht nimmt der Weg ein wenig an Steigung auf. Kurz vor ❸ Grafen-richt überqueren wir eine Straße und fahren dann in den Ort hinein, wo uns der Weg direkt wieder nach links einen Berg hinauf-führt. Oben angelangt, sehen wir den Steinberger See silbern in der Sonne glitzern.

Wer schafft es, hier keine Pause zu machen?

Hier ist auch ein Trinkwasserhochbehälter. Schon davor biegen wir nach rechts ab und fahren durch einen schönen Wald. Herrliche Ruhe ist hier, ein echter Idyllwald, der – anders als fichtendominierte Wälder – sehr

hell ist. Nach einiger Zeit ist aber Schluss mit der Ruhe, laut knattern die Go-Karts der Go-Kart-Bahn bis weit in den Wald hinein. Wir folgen dem Lärm und kommen an der Bahn vorbei. Man kann hier draußen und drinnen fahren und auch einkehren. Wir kommen hier links an der Go-Kart-Bahn vorbei auf einen Fahrradweg, der ganz gerade in Richtung Murner See ❹ führt.

FREIZEITVIELFALT AM MURNER SEE

Der Murner See lädt gleich mit vielen Möglichkeiten ein. Hier gibt es einen Bootsverleih, zahlreiche Infotafeln zur Natur der Region und auch zu ihrer Nutzung. Wir folgen dem hellen Kiesweg um den See. So mancher Jogger ist unterwegs, und einige Paare schieben Kinderwagen in der friedlichen Stimmung. Auch ein Aussichtsturm ist hier, von dem man mit einem fest installierten Fernglas kostenlos Tiere und meist vor allem Schilf beobachten kann. Ein Jogger saust zum Training den Holzturm auf und ab und lächelt wie fast alle hier. Der Weg um den See führt auch an einem Barfußpfad vorbei und zum

Für den einen Aussichtsturm, für den anderen Trainingsgerät: Der Holzturm mit Weitsicht am Murner See

liebevoll und abwechslungsreich gestalteten Erlebnispark „Wasser – Fisch – Natur". Spannend sind auch die Quiz- und Ratetafeln zu den angrenzenden Bäumen.

Der lichtdurchflutete Wald, der auf unserer Verbindungsstrecke liegt, lässt das Strampeln bergauf sofort vergessen.

DURCHGEHENDER RADLWEG ZURÜCK

Von hier fahren wir wieder zurück zu unserem Weg am See und kommen bald an eine Abzweigung, die uns erst rechts und dann gleich wieder links führt, so dass wir durch ein Stückchen Wald fahren. Dort geht es nochmal links, und wir kommen wieder zurück auf den Fahrradweg, der uns zum Murner See geführt hat. Hier fahren wir weiter zur Go-Kart-Bahn und biegen bei der Unterführung rechts ab und sind damit auf dem Fahrradweg nach Wackersdorf. Die Beschilderung führt uns zurück zur Sporthalle, und von dort brauchen wir nur noch nach rechts abbiegen, um dann wieder vor dem Rathaus zu stehen.

Es empfiehlt sich, immer eine kleine Brotzeit, vielleicht einen Müsliriegel oder Apfel dabei zu haben, gerade wenn man außerhalb der Sommersaison unterwegs ist. Dann haben nämlich viele Einkehrmöglichkeiten zu. Ein Getränk darf natürlich auch nicht fehlen.

MITTEL

54 KM **5** STD

Strecke:

Walhalla – Bach – Wiesent – Sarchinger Weiher

Die Strecke ist zwar relativ lang, aber flach, vor allem, wenn man sich die Steigung zur Walhalla spart.

WALHALLA, WEIN UND EIN GEFÜHL WIE AN DER SEE

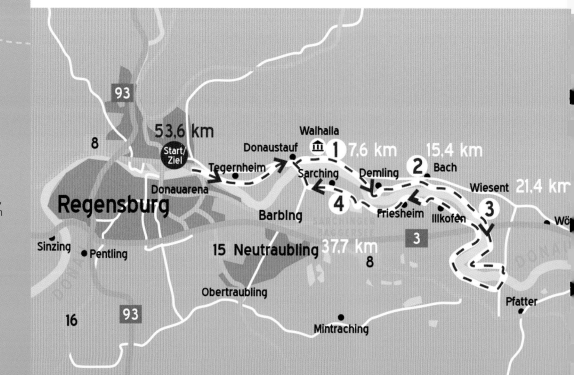

Meine heutige Rundfahrt führt mich vom Parkplatz der Donau-Arena nach Osten an der Donau entlang, zur Walhalla und zur Regensburger Weinbauregion. Die Tour ist flach und landschaftlich sehr abwechslungsreich. Weite Strecken des Ausflugs sind Teil des Donauradwegs und daher sehr gut ausgebaut und ausgeschildert.

- - - - - - - - - - - - - - - - - - - -

IMMER AN DER DONAU ENTLANG

Wir fahren los vom geräumigen Parkplatz der Donau-Arena direkt an der Donau entlang. Die Donau hat etwas Hochwasser, so dass sich im überschwemmten Gebiet immer wieder Fische tummeln, die man gut vom Damm aus beobachten kann. Dazu sehen wir einige Fischer, denen die Tiere auch nicht verborgen geblieben sind. Unsere Tour führt uns an Schwabelweis vorbei in Richtung Tegernheim auf einer Asphaltstrecke, wo rechts und links bunte Sträucher und Bäume wachsen, und wir fahren teils mit ganz freiem, weitem Blick über die Donau. Von der Donau entfernt sich der Donauradweg für kurze Zeit. In Donaustauf sind wir dann aber wieder direkt am Wasser. Der blühende Raps begleitet uns während der ganzen Tour in strahlendem Gelb.

- - - - - - - - - - - - - - - - - - - -

DONAUSTAUF MIT BURGRUINE UND WALHALLA

Wir fahren weiter nach Donaustauf, wo die Burgruine auf einem Berg thront. Der Burgplatz wurde schon 500 v. Chr. als solcher genutzt. Heute kann man hier lauschige Abende bei einem Picknick

Sehenswertes:

Walhalla
König Ludwigs I. Idee, den „rühmlich ausgezeichneten Teutschen" einen Ehrentempel zu bauen, wurde mit der Walhalla vom Architekten Leo von Klenze umgesetzt. Es ist eines der bedeutendsten Bauwerke des Klassizismus und wurde 1842 eröffnet.
Die Walhalla ist zu folgenden Zeiten geöffnet:
April bis September
9:00 – 16:45 Uhr
November bis März
10:00 – 11:45 Uhr und
13:00 – 15:45 Uhr
24./25./31.12. und Faschingsdienstag geschlossen
Nähere Informationen gibt es unter 0 94 03 / 96 16 80 oder
www.walhalla-regensburg.de

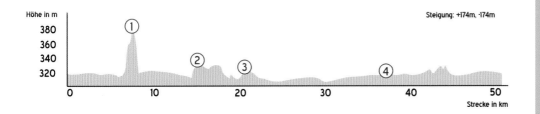

Höhe in m

380
360
340
320

Steigung: +174m, -174m

① ② ③ ④

0   10   20   30   40   50

Strecke in km

Baierweinmuseum
Das kleine Spezialmuseum
dokumentiert den Weinbau in
Altbayern von der Römerzeit bis
heute. Im Weinlehrpfad sind die
wichtigsten Weiß- und Rotweinsor-
ten der Region angebaut. Im
Weinlehrpfad und im übrigen
Außengelände des Museums kann
man auf Informationstafeln viel
zum Weinbau und zur Weinberei-
tung erfahren. Das Außengelände
mit dem Weinlehrpfad ist jederzeit
zugänglich.
Öffnungszeiten:
Mai bis September:
sonntags 13–16 Uhr
Hauptstraße 1a
93090 Bach a. d. Donau
www.baierwein-museum.de

Ruhig, aber trotzdem abwechslungsreich ist die Strecke auf dem Damm.

verbringen. Ein kurzer Abstecher nach Donaustauf
lohnt, um den Chinesischen Turm zu besichtigen
und zur Walhalla auf dem Fahrweg hochzustram-
peln. Der Fußweg ❶ empfiehlt sich für Räder nicht,
da man es hier mit einigen Treppen zu tun hat. Um
nach Donaustauf zu gelangen, ist rechts ein kleiner
Weg, der in eine Unterführung mündet, so dass wir
nicht über die vielbefahrene Straße kreuzen müssen,

Die Walhalla steht von jeder Ansicht großmächtig da.

Den winzigen Umweg lohnt der luftige Chinesische Turm immer.

sondern unter ihr hindurchkommen. Direkt nach der Ortseinfahrt geht es rechts zu den 300 Stufen zur Walhalla, der Chinesische Turm ist links und Schilder weisen den Fahrweg zur Walhalla. Oben angelangt, lohnt der Blick nach Regensburg über die Donau. Oder vielleicht dient der Blick auch einfach als Vorwand für eine kurze Verschnaufpause?

LIEBEVOLL GESTALTETE SCHREBERGÄRTEN UND BROTZEITMÖGLICHKEITEN ZUHAUF

Von hier fahren wir die Fahrstraße wieder zurück und erneut durch die Unterführung zurück zum Donauradweg. Besonders liebevoll gestaltet sind die Schrebergärten, die zwischen Radweg und Donau liegen. Von hier bleiben wir weiter dicht an der Donau in Richtung Demling und fahren von dort weiter nach ❷ Bach. Hier sehen wir immer wieder Brotzeittische und -bänke mit einem herrlichen Blick auf die Donau. Wenn dann der Wind noch ein bisschen weht und die Donau kleine Wellen macht und der eigenen Phantasie einen kleinen Schubs gibt, fühlt es sich fast an, als wäre man an der Nordsee.

Essen:

Bacherer Landgasthof
Öffnungszeiten:
täglich ab 10 Uhr
Hauptstraße 31
93090 Bach a. d. Donau
Tel.: 0 94 03 / 5 69
bacherer-landgasthof.de

Restaurant Athen
In Donaustauf kann man üppig griechisch im Restaurant Athen essen, das sehr nah an der Tour liegt. Dienstag bis Freitag gibt es hier eine Mittagskarte.
Öffnungszeiten:
Dienstag bis Sonntag:
11 – 14 Uhr und 17 – 23 Uhr
Maxstraße 2
93093 Donaustauf
Tel.: 0 94 03 / 17 04
restaurant-athen-donaustauf.de

In Wiesent kann man z.B. im Bistro Lintelo essen, siehe auch weitere Infos bei der Wiesenttour, S. 114

Schmucksteinbergwerk
Das Schmucksteinbergwerk in Bach an der Donau ist ein wunderbarer Höhlenausflug, leider ist es etwas schwer, hineinzukommen.
Öffnungszeiten:
Das Schmucksteinbergwerk ist derzeit bis auf weiteres wegen Grabarbeiten geschlossen.
Für Gruppen ab 15 Personen kann nach terminlicher Absprache mit dem Pächter eine Besichtigung vereinbart werden.
Kittenrain
93093 Bach a.d. Donau
Tel.: 0 94 03 / 9 52 95 31
oder 09 91 / 81 54
www.schmucksteinbergwerk.de

Vor lauter Baum ist die Kapelle kaum zu sehen.

Wie die Walhalla auf den Radler winkt, wenn de sich gerade zu ihr hochgekämpft hat...

HEIMISCHE WEINBAUREGION
Nach Bach lohnt ein Abstecher vor allem an einem Sonntagnachmittag, da dann das Baierweinmuseum mit seinem Weinlehrpfad geöffnet ist. Auch das Schmuckbergwerk ist einen Besuch wert, es öffnet allerdings nur nach Vereinbarung – man sollte sich also vorher schon ankündigen. In Bach sind außerdem einige Weinschenken ausgeschildert, wo man zwischen Weinstöcken den Wein testen oder

Über dem Wasser schwebt die Nixe auf der Brücke der Staustufe Geisling.

sich einfach ein Essen schmecken lassen kann. Von Bach geht es weiter immer entlang der Donau mit Kapellen auf der linken Seite. Wir passieren Frengkofen und kurz nach der Autobahnbrücke Kiefenholz. Ab Kiefenholz wäre auch ein Abstecher nach Wörth an der Donau möglich, um das Schloss Wörth zu besichtigen. Wer noch ein bisschen weiter nach Norden fährt, gelangt zum Nepal-Hima-laya-Pavillon, einem wunderschönen Garten, der immer wieder einen Besuch lohnt – und bei unserer Tour um Wiesent ❸ ja auch besucht wird. Hier ist für ambitionierte Radler ein Anschluss zur anstrengenden Wiesenttour möglich.

ZURÜCKFAHREN ODER DIE DONAU ÜBERQUEREN UND DIE FRÖSCHE BESUCHEN

Die andere Variante ist, einfach weiter an der Donau zu bleiben, bis wir über einen geschot-terten Weg auf eine Brücke über die Donau fahren können. Hier fahren wir direkt auf der Straße an nicht immer ganz langsamen Autos vorbei, gegebenenfalls empfiehlt es sich, mit

Bei der schönen Tour ist leicht grinsen.

Ein wenig Wildnis gibts am Renngraben beim Sarchinger Weiher.

Die Burgruine Donaustauf ist ein besonderer Hingucker.

einem Pumpbrunnenhäuschen ein auf einen Feldweg, der uns zu fröhlichem Froschquaken an einem Donaualtwasser vorbeiführt. Seerosen sieht man hier und morsche Bäume, und es ist ein bisschen verzaubert in dieser Gegend mit den schönen bunten Blumenwiesen.

ZUR DONAU UND ZUM SARCHINGER WEIHER

Der Weg führt dann wieder rechts direkt an die Donau, wir biegen allerdings links ab und gelangen bald zum schönen ❹ Sarchinger Weiher, wo man baden kann oder doch zumindest eine Rast einlegen – der Kiosk bietet sündige Schokoriegel und Eis dazu. Von hier aus fahren wir weiter nach Sarching und in einer kleinen Rechts-links-Kombination folgen wir den Schildern in Richtung Donaustauf. Wir überqueren die Brücke nach Donaustauf und genießen von dort noch einmal den Blick auf die Burgruine und die Walhalla. Auf der anderen Donauseite treffen wir wieder auf unseren schon bekannten Abschnitt des Donauradwegs und pedalieren gemütlich zurück.

Kindern über die Brücke auf dem Fußweg zu schieben. Eine andere Möglichkeit ist, von hier den Weg einfach wieder in der Gegenrichtung zurückzufahren. Von der Brücke haben wir einen guten Blick auf die Staustufe Geisling.

Nach der Brücke halten wir uns wieder direkt an der Donau und fahren teils auf geschotterten, aber gut befahrbaren Wegen bis Illkofen. Danach fahren wir nach Friesheim ein. Fast am Ortsende von Friesheim biegen wir rechts an

SCHWER

26 KM | **3** STD

Strecke:

Nepal-Himalaya-Pavillon –
Wallfahrtskirche Frauenzell –
Burg Brennberg –
Einsiedelei – Wiesent

Natürlich lässt sich diese Tour auch
mit der Donautour von Regensburg aus verbinden und wird somit
eine Runde für die richtig
ambitionierten Radler.

WO DER ROMANTISCHE
RITTER SEINE BEINE TRAINIERT

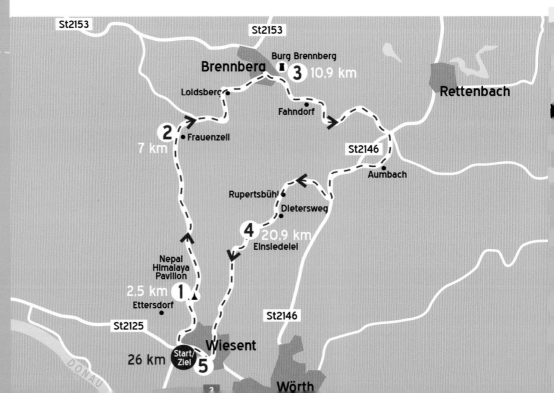

St2153

St2153

Burg Brennberg

Brennberg ■ **3** 10,9 km

Rettenbach

Loldsberg

Fahndorf

2 Frauenzell

7 km

St2146

Aumbach

Rupertsbühl

Dietersweg

4 20,9 km

Einsiedelei

Nepal
Himalaya
Pavillon

2,5 km **1**

Ettersdorf

St2146

St2125

26 km Start/Ziel **5**

Wiesent

DONAU

Wörth

Der Nepal-Himalaya-Pavillon ist sehr liebevoll mit tollen Figuren gestaltet.

Was unserer heutigen Tour an Kilometern fehlen mag, macht sie locker an Höhenmetern wett. Diese Tour ist vor allem für Leute, die einen intensiven Tag genießen wollen – sowohl was die Besichtigungsmöglichkeiten als auch, was die Oberschenkelkraft anlangt. Besonders empfehlenswert ist die Tour an einem Sonntag, da dann Nepal-Himalaya-Pavillon und Hudetzturm geöffnet haben und auch die Einkehrmöglichkeiten gut sind. Achtung: Für Kinder ist die Tour weniger geeignet, geht sie doch zumindest zeitweise an vielbefahrenen Straßen ohne Radweg entlang.

Besonders auffallend an dieser Tour ist, wie liebevoll die Dörfer, durch die wir kommen, geschmückt sind – mit bepflanzten Wanderschuhen, phantasievollen Vogelhäusern und frischen Häuserfarben.

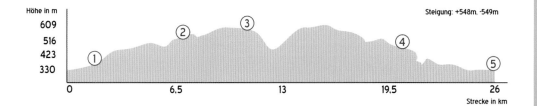

Höhe in m

609
516
423
330

Steigung: +548m, -549m

① ② ③ ④ ⑤

0   6.5   13   19.5   26

Strecke in km

Sehenswertes:

Hudetzturm im Schloss Wiesent
Öffnungszeiten:
Sonntag: 14 – 17 Uhr
und nach vorheriger
telefonischer Anmeldung
Bachgasse 4
93109 Wiesent
Tel.: 09482/1386
www.wiesent.de/landkreis.asp?
NAVIID=34CC7B78-FD9C-4BF2-
96A8-913C87A1934C

Nepal-Himalaya-Pavillon
Öffnungszeiten:
von 1. Mai bis 3. Oktober 2016:
Samstag (1. Samstag im Monat
und alle Samstage im August)
13:00 – 17:00 Uhr
Sonntag 13:00 – 18:00 Uhr
Montag 13:00 – 17:00 Uhr
Feiertag 13:00 – 17:00 Uhr
Martiniplatte
93109 Wiesent
Tel.: 0 94 82 / 95 96 86
www.nepal-himalaya-pavillon.de

Essen:

Schlosscafé Bistro Lintelo
Gut essen kann man im Lintelo Bistro, das eine größere Karte hat, als der Name vermuten lässt, besonders schön ist der Biergarten.
Öffnungszeiten:
Dienstag und Mittwoch:
18:00–24:00 Uhr
Freitag: 18:00–01:00 Uhr
Samstag: 14:00–01:00 Uhr
Sonn- und Feiertags:
10:00–23:00 Uhr
Schlossplatz 1
93109 Wiesent
Tel.: 0 94 82 / 33 00
E-Mail: info@cafe-lintelo.de
www.cafe-lintelo.de

WIESENT ODER DER NEPALGARTEN ALS START

Als Start bietet sich Wiesent an, was der tiefste Punkt der Tour ist. So haben wir gegen Ende der Tour eine Freude am Ausrollen in Richtung Auto. Allerdings kann man es natürlich auch so wie wir machen: Erst ein stärkendes Mittagessen in Wiesent zu sich nehmen und dann mit der Besichtigung des Nepal-Himalaya-Pavillon ❶ anfangen. Der ist durch die gute Beschilderung leicht zu finden und auch Parkplätze gibt es einige. So mancher macht sich an einem schönen Tag zur Besichtigung auf, kein Wunder, ist es doch ein echter Ort der Stille. Und Garten und Tempel sind immer wieder eine echte Freude: Die Goldfische schwimmen munter herum, die großen Buddha- und Götterstatuen strahlen eine herrliche Ruhe aus, und der Nepaltee schmeckt auch jedes Mal wieder köstlich. Ein besonderes Leckerli sind die selbstgebackenen Kuchen, die dort angeboten werden.

Die bunten Gebetsfahnen sollen die Gebete dem Himmel zutragen.

Das tönerne Eulchen wacht über die Ruhe im Garten.

BEEINDRUCKENDE WALLFAHRTSKIRCHE UND FREDL FESL

Vom Nepaltempel radeln wir nach rechts, stetig bergauf in Richtung ❷ Frauenzell.

Die Klosterkirche Frauenzell

Rechts und links ist schöner Mischwald. Einer muss hier seine Fredl Fesl CD aus dem Fenster geworfen haben, die ich aus dem Straßengraben mitnehme. Sein Königsjodler hat noch von so manchem Radlmuskelkater abgelenkt.

Ob der Ritter ohne Weitsicht kampftauglich ist?

Leider brausen hier Autos und Motorradfahrer ganz schön an uns vorbei. Wir trösten uns aber damit, dass es ab Frauenzell viel besser wird mit dem Verkehr. Nach wenigen Kilometern erreichen wir Frauenzell und biegen gleich rechts ab zur Wallfahrtskirche. Das Deckenfresko ist wirklich sehr beeindruckend und ebenso der Jesus rechts neben dem Eingang ist eine beeindruckende Figur. Ein kleiner Abstecher lohnt sich auch für Menschen, die sonst nicht so gerne Kirchen besichtigen. Schon von außen ist der Architekturmix außergewöhnlich.

BRENNBERGER BURGBESICHTIGUNG MIT WAHNSINNSBLICK

Von hier fahren wir weiter bis zum Ende der Straße und biegen dann links ab, wo wir konsequent weiter bergauf nach ❸ Brennberg radeln. Die Burg ist schon von weitem sichtbar. Wir stellen unsere Räder am Schild „Zur Burg" ab und gehen zu Fuß weiter: Hinauffahren wäre sehr anstrengend und das Bremsen bergab auch nicht nur spaßig. Wir kommen an einem gemütlichen Wirtshaus mit grünen Läden auf der linken Seite vorbei, und

Der Brennberger neu-alte Turm thront über allem.

An der Aussicht von der Brennberger Burgruine sieht man, dass wir durchaus Höhenmeter gemacht haben.

einige im Ort haben sehr schöne Vogelhäuser gebaut, die echten, großen alten Bauernhäusern nachempfunden sind. Die Burgruine selbst eignet sich sicher ausgezeichnet für Hochzeitsfotos, das Nachmittagssonnenlicht meint es auch gut mit uns. An der Burg sind einige Schilder zur Lage der einzelnen Gebäude, und es lohnt sich auf jeden Fall,

den nachgebauten, hölzernen Turm zu besteigen. Von hier oben reicht die Sicht zur Donau und weit über den Vorwald und gen Bayerischen Wald. Wir steigen an einem alten, ausgehöhlten und daher wildromantischen Baum vorbei wieder zu unseren Rädern ab und fahren weiter in Richtung nach Aumbach zur ❹ Einsiedelei.

EINSIEDELEI UND ZURÜCK NACH WIESENT

Brennberg ist der höchste Punkt des Landkreises Regensburg. Das heißt aber nicht, dass es nun nur noch bergab geht. Auch wenn wir von Brennberg aus erst einmal mit einem gewissen Schwung nach Fahndorf fahren. Von hier aus geht es über Zumhof weiter nach Aumbach. Wir folgen der Straße und kommen bald bergab wieder auf eine große Straße, der wir ein kurzes Stück folgen. Von hier zeigt ein Schild nach rechts in Richtung Dietersweg und Rupertsbühl. Vorsicht: Die Straße ist oft ausgebessert und könnte bei Regen etwas rutschig sein. Wir durchfahren beide Dörfer und kommen hier richtig gut in Fahrt. Ein Schild weist uns den Weg nach ❺ Wiesent. Rechts geht ein Weg ab zur Burgruine Heilsberg. Kurz darauf sehen wir ein kleines Holzhäuschen, die „Einsiedelei". Wir kommen nach einem weiteren kleinen Anstieg an einer hübschen gelben Kapelle links vorbei. Von hier geht es mit Schwung und an ein paar Bäumen vorbei

Das Bauernhäuschen ist für kleine Kühe, nicht für Vögel reserviert.

Am Ort der heutigen „Einsiedelei" sollen wirklich einmal Einsiedler gewohnt haben, heute ist die Hütte ein herrliches Kuriositätenkabinett.

nach Wiesent weiter. Der Weg führt uns direkt in die Ortsmitte mit einigen Einkehrmöglichkeiten. Wer beim Nepaltempel geparkt hat, fährt hier weiter bis zum Kreisverkehr. Dort biegt man die erste Ausfahrt rechts in Richtung Nepalgarten ab, der gut ausgeschildert ist und bald über eine kleine Bergstrecke erreicht ist.

Bibliografische Information der Deutschen Nationalbibliothek

Die Deutsche Nationalbibliothek verzeichnet diese Publikation in der Deutschen Nationalbibliografie; detaillierte bibliografische Daten sind im Internet über http://dnb.dnb.de abrufbar.
ISBN 978-3-86646-747-7

1. Auflage 2016
ISBN 978-3-86646-747-7
© SüdOst-Verlag in der Battenberg Gietl Verlag GmbH, Regenstauf
www.gietl-verlag.de
Titelbild und U4: ARochau, Fotolia.com

Text und Zeichnungen: Andrea Potzler
Fotos: Josef Kainz und Andrea Potzler
Karten und Höhenprofile: Martina Kastenmaier
Layout und Gestaltung: Natalie Poths